Odile Lozachmeur

Photographies Hervé Ronn

LE MORBIHAN EN FAMILLE

Découvrir en s'amusant

Editions OUEST-FRANCE

Canal de Nantes à Brest
Aulne
297
MONTAGNES NOIRES
Rostrenen
Glomel
Gouarec
Lac de Guerlédan
LANDES DU MÉNÉ
Mûr-de-Bretagne
FORÊT DE QUÉNÉCAN
St-Aignan
Loudéac
Gourin
Langonnet
Langoëlan
Blavet
D 768
D 769
Scaër
Guémené-sur-Scorff
Pontivy
Rohan
La Trinité-Porhoët
Le Faouët
FORÊT DE LANOUÉE
D 767
D 764
Scorff
FINISTÈRE
MORBIHAN
Inzinzac-Lochrist
Plouay
Josselin
Quimperlé
Pont-Aven
Riec-sur-Belon
Pont-Scorff
N 165
D 22
Blavet
Baud
N 24
Locminé
Laïta
Guidel
Hennebont
N 166
Malestroit
LANDES DE LANVAUX
Lorient
Larmor-Plage
Port-Louis
Rivière d'Étel
Ste-Anne-d'Auray
Elven
Belz
Vannes
Auray
Île de Groix
Groix
Pointe d'Erdeven
Étel
St-Goustan
Questembert
Plouharnel
La Trinité-sur-Mer
Larmor-Baden
Île d'Arz
Séné
Carnac
Île aux Moines
Golfe du Morbihan
Noyalo
CÔTE SAUVAGE
Presqu'île de Quiberon
Locmariaquer
D 780
D 20
N 165
Muzillac
Port-Navalo
Sarzeau
Quiberon
St-Gildas-de-Rhuys
PRESQU'ÎLE DE RHUYS
N
O
E
S
Pointe du Conguel
Pointe des Poulains
Île de Houat
Sauzon
OCÉAN ATLANTIQUE
le Palais
Île de Hœdic
Guérande
Pointe du Croisic
le Croisic
Belle-Île
0
25 km

Caulnes
Rance
gnac
St-Méen-
le-Grand
ILLE-ET-
VILAINE
uron
FORÊT DE
PAIMPONT
Plélan-
le-Grand
nel
Coëtquidan
N 24
Maure-de-
Bretagne
D 776
D 773
la Gacilly
de
Nantes
nefort-
erre
Redon
Vilaine
à
Brest
Vilaine
LOIRE-
TLANTIQUE
St-Nazaire
Loire

Sommaire

Place
Henri IV

Pays de Vannes

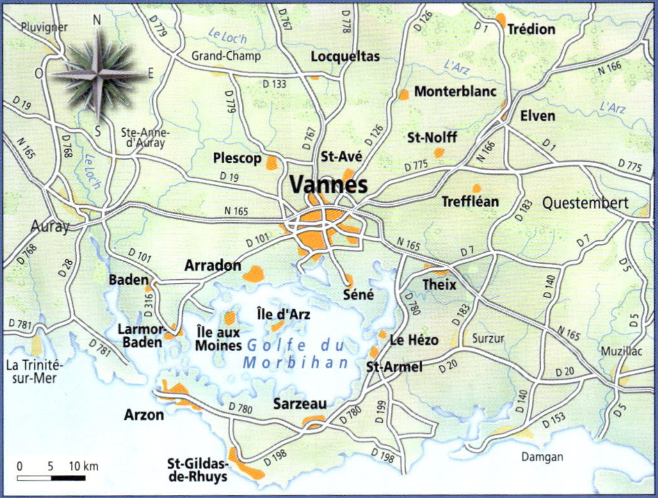

Une croisière en **sinagot** • Une **enquête** à Vannes

Un repas au **Moyen Age** • Des cours de **danse bretonne**

Un **donjon** mystérieux • Des **îles** un peu partout

Et **bien d'autres choses** encore à découvrir...

Le centre-ville historique de Vannes.

Visiter Vannes

1 La place Gambetta. Autrefois, un pont enjambait les douves à cet endroit. Pour simplifier l'accès à la ville, l'espace a été comblé et une belle place symétrique a été construite en 1848.

2 Le château de l'Hermine. C'est là que se tenait au Moyen Age le château des ducs de Bretagne. Le bâtiment actuel date de 1785 et a été édifié par Julien Lagorce, traiteur. Depuis, il a servi d'école d'artillerie, de centre des impôts et de faculté de droit.

3 Les lavoirs datent de 1820 et sont installés dans les douves, ce qui facilitait l'approvisionnement en eau. C'est donc là que, jusque dans les années 1960, les Vannetaises pouvaient venir laver leur linge à genoux, été comme hiver... Vive la machine à laver !

4 La porte de la Poterne a été ouverte en 1678 pour les commodités de la circulation de la ville.

5 En longeant cette portion des **remparts**, on peut voir la très grande tour du Connétable datant du 15e siècle et qui remplissait les fonctions d'un donjon (habitation et défense).

6 Maison médiévale, à l'angle des rues Saint-Guénaël et de la Bienfaisance. Cette passionnante maison offre à notre regard des façades dont les fenêtres sont typiquement médiévales, ce qui est rare. Chaque fenêtre est différente parce que chaque pièce a une fonction différente.

7 La maison qui penche... En face de la cathédrale, une maison sort de l'alignement. On admire les pans de bois, l'encorbellement et le toit à la Mansart... Chaque époque a laissé sa trace.

8 La Cohue. Ce bâtiment date, pour ses parties les plus anciennes, du 13e siècle. Autrefois, un marché se tenait au rez-de-chaussée, et le palais de justice occupait l'étage. Au 19e siècle, c'est devenu le théâtre municipal ; aujourd'hui, le musée des Beaux-Arts et ses collections occupent les murs.

9 La cathédrale Saint-Pierre est d'une architecture très composite qui s'étend du 13e au 19e siècle. On sait qu'elle a remplacé une cathédrale romane qui elle-même remplaçait la première cathédrale détruite en 919 par les invasions normandes.

10 L'immeuble du Progrès a été bâti au moment où l'on perçait de nouveaux axes dans ce centre-ville pour faciliter la circulation. Situé à l'angle des rues Billault et Emile-Burgaut, cet immeuble date de 1920 et propose une décoration extérieure très différente de celle des maisons médiévales toutes proches.

11 et **12 Les rues Saint-Salomon et des Halles** datent de la fin du Moyen Age et proposent l'architecture classique de l'époque : rez-de-chaussée en pierre, étage en pans de bois et torchis. On sait qu'elles étaient autrefois rehaussées de couleurs.

13 Vannes et sa Femme nous saluent quand nous passons place de Valencia. Cette sculpture datant du 16e siècle était sans doute une enseigne à l'époque de sa conception.

14 Le Château-Gaillard abrite aujourd'hui le Musée d'histoire et d'archéologie de la ville de Vannes. Cette belle demeure en pierre a été construite au 15e siècle et aurait peut-être servi à loger les nourrices des ducs de Bretagne...

15 Ecole Sévigné. Cette école communale construite exprès pour les filles en 1878 affiche sur sa façade le nom des auteures les plus éminentes de l'époque. Une lueur d'espoir pour ces petites écolières !

16 La porte Saint-Vincent est la porte d'entrée principale de la vieille ville. Reconstruite au 17e siècle, elle offre un décor de qualité qui a été remanié au siècle suivant. Elle rend hommage à saint Vincent Ferrier, prêtre d'origine espagnole mort à Vannes en 1419 et dont les reliques sont à la cathédrale. Il est le saint patron des métiers du bâtiment, en particulier des poseurs de revêtements de sol.

Bd de la Paix
Giratoire du Palais des Arts
Rue du Moulin
Av. Jean Monnet
Avenue Victor Hugo
R. du Colonel Pobéguin
R. du Lieut. Col. Maury
Bd de la Paix
Vers gare SNCF
R. de l'Hôpital
Rue des 4 Frères Crapel
Bd de la Paix
Église St-Patern
Rue de l'Étang
R. St-Patern
R. de la Tannerie
Mairie
R. J. le Brix
Rue du Mené
Place du Gal De Gaulle
Rue Hoche
R. Émile Burgault
Hôtel de Ville
Place M. Marchais
R. des Chanoines
R. St-Guenhaël
Rue du Maréchal Leclerc
R. de la Loi
R. du Pot d'Étain
Rue des Halles
Préfecture
Conseil Général
Rue F. Decker
R. de la Monnaie
Rue de la salle d'Asile
Rue Thiers
Rue Noé
Tour du Connétable
Palais de Justice
Place de la République
R. le Hellec
Marché Couvert
Promenade de la Garenne
Rue de St-Tropez
Rue Arthur de Richemont
Place du Poids Public
R. de la Porte Poterne
Halle aux Poissons
Rue St-Vincent
R. J. De Bazvalan
Place de la Garenne
Rue J. Martin
R. Alexandre le Pontois
Place du Mal Joffre
Rue du Jointo
Rue Paul Helleu
Rue Alfred Roth
N
O
E
S
Rue du Drezen
Port
Prom. de la Rabine
La Marle
Rue Ferdinand le Dressay
Rue Monseigneur Tréhiou
Rue des Ursulines
Vers le golfe du Morbihan
Vers Séné
0
100
200 m
1
2
3
4
5
6
7
8
9
10
11
12
13
14
15
16

Que voir, que faire

à Vannes

...Arradon, Baden, sur l'île d'Arz, l'île aux Moines, Larmor-Baden, Séné et Theix ?

Marchés
Arradon : mardi et vendredi matin, mercredi à 17 h
Baden : vendredi à 16 h 30
Larmor-Baden : dimanche matin
Séné : vendredi à 16 h 30
Theix : dimanche

Les remparts de Vannes.

Vannes

Office du tourisme
Quai Tabarly
Tél. : 02 97 47 29 49

Que voir ?

• ***Musée des beaux-arts La Criée***
Place Saint-Pierre
Tél. : 02 97 01 63 00
Gratuit pour les moins de 18 ans
La peinture du 19e siècle à nos jours. Atelier « Les Petits Découvreurs » pour apprendre à regarder les tableaux.

• ***Musée d'histoire et d'archéologie***
2, rue Noë
Tél. : 02 97 01 63 00
Gratuit pour les moins de 18 ans
Changez d'ambiance selon l'étage... archéologie, collections médiévales, savants et voyageurs célèbres. Ateliers « Les Petits Découvreurs » : archéologie, poterie...

• ***Maison de la Nature***
8, rue des Salines – Conleau
Tél. : 02 97 62 59 15
Un site dédié à la faune et à la flore locales. Animations pour apprendre à observer et à expérimenter dès l'âge de 5 ans.

Le port de Vannes.

- ***Aquarium***
Parc du Golfe
Tél. : 08 10 40 69 01
Fiches pédagogiques pour les enfants
- ***Le Jardin aux papillons***
Parc du Golfe
Tél. : 08 10 40 69 01
Des vrais papillons volent autour de vous.
- ***Les grandes Fêtes historiques de Vannes*** ont lieu début juillet tous les ans pendant trois jours. A chaque fois, des centaines de figurants reconstituent l'ambiance de l'époque historique choisie pour l'occasion et le programme, qui change tous les ans, est une vraie fête.

Que faire ?

- ***Une petite croisière vers Arz, Belle-Ile, Quiberon ou le golfe du Morbihan***
Se renseigner sur le port
- ***Se promener sur le golfe en sinagot***
Tél. : 06 14 93 04 69
- ***« Les Petits Découvreurs »***
ou comment visiter la ville en y menant de véritables enquêtes historiques
- ***Atelier poterie « Terre-Libre »***
134, avenue du 4-Août
Tél. : 02 97 54 05 12
Ministages dès 6 ans

Arradon

Office du tourisme
Place de l'Eglise
Tél. : 02 97 44 77 44

Que voir ?

• Circuit d'interprétation du patrimoine à Kerglas
Table d'orientation et présentation des 14 sites remarquables de la commune

Que faire ?

• Petits circuits rando et chemins côtiers
• Promenade en mer
En catamaran (06 82 69 38 13) ou en vieux gréement (06 09 85 71 63)
• Sports nautiques
Dès 4 ans
• Pêche en mer
Avec un professionnel (06 50 83 62 90)

Baden

Office du tourisme
Place Weilheim
Tél. : 02 97 57 23 96

En attendant le retour du bateau !

Que voir ?

• Musée des Passions et des Ailes
Place Weilheim
Tél. : 02 97 57 27 89
Gratuit pour les moins de 16 ans
Un bel hommage à Joseph Le Brix, pionnier de l'aviation, mais aussi des maquettes de bateaux et des automates.
• Des maquettes d'ex-voto marins
A voir dans les chapelles de Locmiquélic, Méraidec et Notre-Dame-de-Penmern.

Que faire ?

• Aller à l'île aux Moines en bateau
en partant de Port-Blanc
• Rejoindre les Sept-Iles
à pied à marée basse
• Sports nautiques
Dès 7 ans

Ile d'Arz

Office du tourisme
Port de Béluré

Que voir ?

• Moulin à marée de Berno
datant du 16e siècle et parfaitement restauré

Les moulins à marée d'Arz

Ce sont des moulins qui utilisent la force des marées comme énergie motrice. On en trouve depuis le Moyen Age sur toute la façade atlantique, du Royaume-Uni au Portugal. L'avantage de ce type de moulins, c'est qu'il bénéficie des deux mouvements de marée quotidiens et est donc opérationnel absolument tous les jours de l'année. L'inconvénient, pour le meunier, c'est qu'il faut travailler à n'importe quelle heure du jour ou de la nuit puisque c'est l'heure de la marée qui détermine le moment où le moulin tourne et actionne la meule.

La Maison rouge à Arz.

- ***Eglise de la Nativité***
et son bestiaire animal sculpté sur les chapiteaux

Que faire ?

- ***Sports nautiques***
Dès 8 ans
- ***Louer des vélos***

Ile aux Moines

Que voir ?

- ***Cromlech de Kergonan***
et ses 24 menhirs
Une exposition explicative est visible à la ferme du Cromlech.
- ***A l'église***
Maquettes d'ex-voto marins et un étonnant plafond en mosaïque.

Que faire ?

- ***Louer des vélos***
pour partir en promenade
- ***Se balader à l'espace naturel de la pointe de Penhap***
42 ha de paysages naturels et un dolmen.
Sports nautiques
Dès 7 ans

Baignade au bord du golfe.

Larmor-Baden

Office du tourisme
Près de la mairie

Que voir ?

- ***Marais de Pen en Toul***
Beaucoup d'espèces animales à observer
- ***Cairn de Gavrinis***
Tél. : 02 97 57 19 38
Gratuit pour les moins de 8 ans
Tarif famille
Situé sur une île, ce site est un immense dolmen à galerie caché sous un grand monticule de terre.
Les bas-reliefs sont nombreux et passionnants. Réserver pour les ateliers d'archéologie.
- ***A l'église***
Maquettes et peintures d'ex-voto marins.

Que faire ?

- ***Aller à marée basse sur l'île de Berder*** et profiter d'un paysage exotique
- ***Prendre le bateau pour aller à Gavrinis***
ou faire le tour du golfe
- ***Sports nautiques***
Dès 7 ans

Séné

Office du tourisme
Place de la Fraternité
Tél. : 02 97 66 93 79

Que faire ?

- ***Un tour de mer en sinagot***
(06 14 93 04 69 ou 06 74 55 86 87)
- ***110 km de sentiers pédestres***
pour petites ou grandes randonnées
- ***Aller voir la réserve naturelle des marais de Séné,***
Brouel Kerbihan
Tél. : 02 97 66 92 76
Gratuit pour les moins de 12 ans
Expos et films bien faits pour préparer la promenade dans la réserve et l'observation attentive des oiseaux.
- ***Assister... et participer à la traite des vaches***
A partir de 17 h
Ferme bio « Penn da Benn »
Brouel Kerbihan (dans la réserve dumarais)
Tél. : 02 97 66 90 12
Gratuit
Une vraie rencontre avec la nature.
- ***Sports nautiques***
Dès 5 ans

Theix

Que voir ?

- ***Château du Plessis-Josso***
Tél. : 02 97 43 16 16
Gratuit pour les moins de 16 ans
Un grand et beau manoir breton de la fin du Moyen Age.
- ***Nombreuses chapelles sur la commune***

Que faire ?

- ***Piscine***
Rue Jacques-Cartier
Tél. : 02 97 69 04 46

La plage à l'île aux Moines.

Encyclo

LES STARS DE VANNES

Les Vénètes

Ce peuple de la Gaule celtique qui a donné son nom à Vannes est déjà cité par Homère dans l'*Iliade*. On sait que les Vénètes se sont installés en Armorique du Sud aux alentours de 1000 avant J.-C. Leur capitale était située à Locmariaquer mais, plus tard, les Romains la déplaceront à Darioritum, qui serait l'actuelle ville de Vannes. Celui qui parle le mieux des Vénètes, c'est Jules César (1er siècle avant J.-C.) dans *La Guerre des Gaules*. Il les trouvait remarquables pour leur résistance acharnée et pour la qualité de leur flotte, tant militaire que commerciale. Les Vénètes durent pourtant capituler face aux Romains, qui exécutèrent leurs élites et vendirent les survivants rebelles comme esclaves.

Nominoë, presque roi de Bretagne !

Ce célèbre comte de Vannes est né en 800, l'année du sacre de Charlemagne. D'abord nommé *missus imperatoris* (c'est-à-dire gouverneur du roi) par Louis le Pieux, il se révolte contre le successeur de ce dernier et obtient l'autonomie de la Bretagne en 846, après quelques batailles. Il doit ensuite négocier avec les Vikings pour garantir la paix du territoire. C'est alors qu'il peut s'occuper de conquérir de nouvelles terres… Angers et le Maine, Nantes et l'Anjou tombent sous son contrôle. Il meurt en route vers Chartres. Bien qu'il ait été le premier à se retrouver à la tête d'une Bretagne unifiée et indépendante, Nominoé n'a jamais eu le titre de roi. Il fut duc, ou prince, ce qui est déjà bien !

Joue avec les Gaulois

Redonne à chaque peuple gaulois sa capitale

a) Volques arécomiques
b) Suessions
c) Namnètes
d) Vénètes
e) Arvernes
f) Osismes
g) Médiomatriques
h) Mandubiens

1) Clermont-Ferrand
2) Alise-Sainte-Reine (Alésia)
3) Nîmes
4) Vannes
5) Metz
6) Soissons
7) Carhaix
8) Nantes

Qui est qui ?

Sauras-tu redonner son nom à chacune de ces célébrités vannetaises ?

1) Je suis un navigateur né en 1959 et j'ai fait mes études à Saint-François-Xavier.
2) Je suis née en 1912 et j'ai été professeur au lycée de Vannes pendant la Seconde Guerre mondiale. On me connaît car j'ai été une grande résistante.
3) J'ai vécu au 5e siècle et je suis fier d'être chevalier de la Table ronde.
4) Je suis né vers 475 et je suis l'un des sept saints fondateurs de la Bretagne.
5) Je suis une actrice née en 1921 et j'ai eu comme professeur une célèbre résistante. Mon vrai nom est Henriette Kaminker.
6) Je suis né en 1457 et suis le futur roi d'Angleterre Henri VII. J'ai déjà séjourné au château de l'Hermine.
7) Je suis né en 820 et suis le fils de Nominoé.
8) Je suis née en 1973 à Vannes et je suis une actrice connue.
9) Je suis l'un des trois mousquetaires et suis devenu évêque de Vannes après mes aventures.

a) Saint Paterne
b) Aramis
c) Erispoé
d) Hélène de Fougerolles
e) Simone Signoret
f) Caradog Freichfras
g) Loïck Peyron
h) Henri Tudor
i) Lucie Aubrac

Joseph Le Brix, un marin dans les airs

Cet officier de la Marine né en 1899, et élève en son temps au lycée Jules-Simon, est plus connu pour ses exploits… d'aviateur ! Son premier exploit sera de réaliser, avec son ami Dieudonné Costes, un tour du monde au cours duquel leur avion relie, sans escale, le Brésil au Sénégal. C'est la première fois qu'on traverse l'Atlantique sud dans ces conditions. En 1931, avec deux autres aviateurs, Doret et Mesmin, il décide de rallier Paris à Tokyo toujours sans escale. Au cours de la première tentative, le moteur gèle net en passant au-dessus de la Sibérie. Ils atterrissent… sur un arbre ! Tout le monde s'en sort. La deuxième tentative sera malheureusement la dernière puisque le moteur cale au niveau de l'Oural. Seul Doret survivra.

VIVRE EN « PETITE MER »

Morbihan signifie en breton « petite mer »... ce qui veut bien dire que cette partie de la Bretagne est toute tournée vers la mer. Cette « petite mer » est ce qu'on appelle en fait le « golfe du Morbihan », petit espace maritime bien connu pour ses îles comme Arz ou l'île aux Moines.
Le golfe donne sur l'océan Atlantique par une petite passe située entre Locmariaquer à l'ouest et Port-Navalo à l'est.

Un sinagot sur les flots...

Le sinagot

C'est le bateau de pêche traditionnel du petit port de Séné jusqu'au début du 20e siècle. C'est d'ailleurs aussi le nom des habitants de la commune !
Le sinagot n'est pas prévu pour la haute mer et est utilisé dans le golfe du Morbihan ou la baie de Quiberon. Il est facile à reconnaître : il a deux mâts, ses voiles sont d'un rouge ocré obtenu par un mélange de suif (pour donner de la tenue à la toile) et d'écorces de pin broyées. La coque est toujours noire car elle est recouverte d'un enduit goudronné garantissant une bonne étanchéité. Aujourd'hui, il ne reste plus qu'un seul « vrai » sinagot traditionnel. Il date de 1943, a le statut de Monument historique et porte le nom des *Trois Frères*, tout simplement parce que le patron pêcheur qui l'avait commandé avait trois fils.
Et pour une petite balade à son bord, il suffit de téléphoner au 06 14 93 04 69.

Les marées

Pour ceux qui ne sont pas habitués, les mouvements de la mer sont parfois surprenants.
La marée est le mouvement de la mer qui monte et qui descend deux fois par vingt-quatre heures. Ce mouvement est provoqué par la force centrifuge de la terre conjuguée à l'attraction de la lune et du soleil.
Il est important d'être au courant de ce mouvement régulier car il détermine le moment où l'on va à la plage (le plus souvent à marée haute), le meilleur jour pour la pêche à pied (à marée basse). Cela permet aussi de ne pas se faire encercler par la mer à l'occasion de promenades en bord de mer.

Les grandes marées

On les appelle aussi « vives eaux » et elles sont l'occasion des plus belles parties de pêche à pied car la mer se retire très loin et découvre alors une plus grande partie du littoral. Les grandes marées ont lieu aux nouvelles et pleines lunes, et les grandes marées exceptionnelles correspondent aux dates des deux équinoxes.

A la pêche… à pied !

La fin de marée descendante est le meilleur moment pour aller pêcher à pied coquillages, crabes et crevettes.

Attention, il y a des règles simples à respecter :
1. *Avant la pêche, passe à la mairie pour savoir si la pêche est autorisée et quelles sont les espèces qu'il ne faut pas ramasser.*
2. *Quand tu as retourné une pierre, remets-la toujours exactement au même endroit.*
3. *Ne pêche que ce que tu mangeras.*
4. *Eloigne-toi des entreprises de moules et d'huîtres.*
5. *Respecte bien les dimensions et quantités réglementaires :*

- *Coques : elles se ramassent en grattant le sable mouillé (pas moins de 3 cm et 5 kg au maximum) ;*
- *Berniques : avec un couteau sur les rochers ;*
- *Palourdes : en grattant le sable gravillonneux (pas moins de 3,5 cm et 3 kg au maximum) ;*
- *Crevettes : à l'épuisette pas loin des algues (pas moins de 3 cm) ;*
- *Etrilles : au crochet dans les trous de rochers (pas moins de 5 cm).*

Lire l'horaire des marées

Chaque année, l'horaire des marées est édité. Il donne, pour chaque jour, l'heure des pleines mers et basses mers, ainsi que le coefficient de marnage (écart entre la pleine et basse mer). Ce coefficient (de 20 à 120) indique l'ampleur de la marée. Plus il est faible, moins la mer descend bas et moins elle monte haut. A partir de 95, on considère que c'est une grande marée.

Que voir, que faire

à Sarzeau

... Arzon, Le Hézo, Saint-Armel et Saint-Gildas-de-Rhuys ?

Marchés
Sarzeau : samedi, jeudi et lundi matin
Arzon : lundi matin et mardi soir
Saint-Armel : vendredi
Saint-Gildas : tous les matins et en nocturne le mercredi

Sarzeau

Office du tourisme
Saint-Colombier
Tél. : 02 97 26 45 26
Plages surveillées
Saint-Jacques, Penvins, Roaliguen

Que voir ?

• ***Château de Suscinio***
Tél. : 02 97 41 91 91
Gratuit pour les moins de 8 ans
Une très belle architecture pour ce château des ducs de Bretagne, mais aussi spectacles son et lumière, festival Les Créneaux de Suscinio pour revivre le Moyen Age, expositions « Les Rendez-Vous du Moyen Age », ateliers patrimoine, visite enfants, parcours découvertes.

• ***Eglise abbatiale***
du bourg datant de l'an mil

• ***Château de Kervenan***
Saint-Colombier
Tél. : 02 97 26 46 79
Gratuit pour les moins de 15 ans

• ***Chapelle de Trévenaste***
à Saint-Jacques et ses maquettes de bateaux ex-voto

Que faire ?

• ***Prendre* Le Petit Passeur *pour aller à Vannes par la mer***
Tél. : 02 97 56 45 26

• ***Aller à la réserve du Duer***
pour observer le tadorne de Belon (une sorte de canard) par exemple
Tél. : 06 32 63 79 66

• ***Celtaventures***
Penvins
Tél. : 06 13 08 87 00
Parcours acrobatiques, hamacs dans la forêt, village des lutins, chasse au trésor, parcours nocturnes, balades contées...

• ***Aller assister à la traite des vaches***
A partir de 17 h 30 à la ferme fromagère de Suscinio
Tél. : 06 60 73 89 12

• ***Visite d'élevage d'huîtres***

• ***Initiation à la pêche***

• ***Sports nautiques***
Dès 4 ans

• ***Club de plage***

Arzon, Port-Navalo, Crouesty

Office du tourisme
Port du Crouesty
Tél. : 02 97 53 69 69
Plages surveillées
Port-Navalo, Kervert, Fogeo

Que voir ?

• ***Cairn du Petit Mont***
Tél. : 06 03 95 90 78
Gratuit pour les moins de 8 ans

Tarif famille
Cette vaste construction mégalithique regroupant trois cairns successif date de - 4500 pour sa partie la plus ancienne ; elle est décorée de sculptures en bas reliefs. Ateliers archéologie plusieurs fois par semaine.
- ***Les expositions à La Criée***

Que faire ?

- ***Un tour en petit train*** pour découvrir Arzon
- ***Une minicroisière*** pour aller à l'île aux Moines ou sur la rivière d'Auray
- ***Assister aux animations de l'office du tourisme*** (pêche à pied, ateliers scientifiques des « Petits Débrouillards », spectacles « Place aux mômes », danse bretonne, sorties ornithologie...)
- ***Participer à l'Atelier***
34, boulevard de la Rade
Tél. : 02 97 53 64 33
Cours de dessin
Dès 3 ans
- ***Sports nautiques***
Dès 5 ans
- ***Equitation***
- ***Minigolf***

Le Hézo

Que voir ?

- ***Musée du cidre***
Route de Lann-Vrihan
Gratuit pour les moins de 16 ans
Tout savoir sur le cidre, mais aussi sur les abeilles qui pollinisent les pommiers. Ruche vivante à découvrir et parcours spécial pour les enfants.
- ***Circuit des fontaines***

Saint-Armel

Que voir ?

- ***Marais salants de Lasné***
Tél. : 06 72 63 94 78
Ces salines datent du 17e siècle et ont été créées pour les moines de Saint-Gildas. Aujourd'hui, c'est un lieu idéal pour découvrir le travail du paludier et observer la faune installée sur le site.

Que faire ?

- ***Prendre Le Petit Passeur*** pour aller à Séné par la mer
Tél. : 02 97 56 45 26
- ***Aller à marée basse sur l'île Tascon***
- ***Découvrir « Oh bonheur des gosses »***
Kerperdrix
Tél. : 02 97 43 90 38
Gratuit pour les enfants hauts de moins de 1 m
Aire de pique-nique
Parc d'activités en plein air avec jeux en bois, animaux nains et plein d'autres choses
- ***Visiter un élevage d'huîtres***
Se renseigner à « La Route de l'huître »
Tél. : 02 97 42 04 66

Saint-Gildas-de-Rhuys

Office du tourisme
Rue Saint-Goustan
Tél. : 02 97 45 31 45
Plages surveillées
Goh-Velin, Saint-Jacques, Roaliguen, Penvins

Que voir ?

- ***Musée des arts et des métiers***
Largueven
Tél. : 02 97 53 68 25
Gratuit pour les moins de 6 ans
Tout le monde d'autrefois reconstitué sous nos yeux : ateliers, commerces, école. Ateliers de démonstration d'artisanat (dentelle...).
- ***Table d'orientation près de la croix du Grand Mont***

Que faire ?

- ***Les animations de l'office du tourisme***
Initiations sportives, ateliers de jeux créatifs, randonnées, balades contées en soirée, concours de billes et de châteaux de sable, marchés animés du mercredi, initiation à la danse bretonne.
- ***Sports nautiques***
Dès 4 ans

Ci-contre :
Musée des arts et des métiers, Saint-Gildas-de-Rhuys.

COMME AU MOYEN ÂGE à Suscinio

Damoiselles d'aujourd'hui devant le château de Suscinio.

Le château de Suscinio a été construit à partir du 13e siècle pour servir de relais de chasse aux ducs de Bretagne. C'est d'ailleurs pour cela que l'on voit deux cerfs sculptés au-dessus du pont-levis. Le château était donc entouré d'un vaste territoire de chasse qui était clos.

Pour parler comme au Moyen Âge…

… relie le mot médiéval à celui d'aujourd'hui.

a. Bataculer	1. Jeune homme
b. Choir	2. Basculer
c. Trouiller	3. Sorcière
d. Fol dingo	4. Ensorcellement
e. Damelot	5. Tomber
f. Vêpre	6. Soirée
g. Déconfier	7. Tromper
h. Piétonner	8. Trahir
i. Bachelette	9. Marcher
j. Ripailler	10. Fou
k. Sorceresse	11. Demoiselle
l. Acquiescement	12. Vêtements
m. Affublement	13. Avoir peur
n. Charmogne	14. Accord
o. Lober	15. Dîner

Visite costumée !

La chasse

Au Moyen Age, la chasse au gros gibier était le privilège des familles nobles. Les « petites gens » étaient autorisés à tuer les volailles, lièvres et autres petites proies. Certaines règles très simples étaient respectées pour avoir plus de gibier sur un territoire, comme l'interdiction de moissonner avant la Saint-Jean ou d'enlever les chardons. La *vénerie*, appelée aussi « chasse à courre, à cor et à cris », se pratiquait à cheval. La meute de chiens repérait et poursuivait une proie (cerf, chevreuil, sanglier) qui s'épuisait à force de courir. Les chasseurs achevaient la bête à l'arme blanche. La *chasse au vol* utilisait des rapaces tels que le gerfaut ou le faucon pèlerin qui pourchassaient le gibier à plumes (cygnes, hérons, canards...).

Menu pour un retour de chasse

Sauce Cameline

Elle accompagne les côtelettes de sanglier (ou de porc si le sanglier se fait rare !).

50 g de pain sec sans la croûte
50 g de raisins secs qui auront trempé dans un bol d'eau
150 g de poudre d'amandes
30 cl de lait
50 cl de jus de raisin
1 cuillerée à café de cannelle
Un peu de sel

Fais tiédir le lait avec la poudre d'amandes. Humidifie la mie de pain avec un peu d'eau. Fais-toi aider d'un adulte pour passer les raisins au mixer avec la cannelle, puis ajoute la mie de pain. En mélangeant bien, verse peu à peu le lait d'amandes, puis le jus de raisin. Sale à ton goût et sers tiède.

Poires au gingembre

1/2 poire par personne
150 g de sucre
1 citron
Un peu de gingembre frais
La quantité de fromage blanc que tu veux

Après avoir épluché les poires, coupe-les en deux, puis mets-les à pocher dans de l'eau. Ajoute ensuite le sucre, le jus du citron et le gingembre. Une fois que les poires sont molles, retire-les de l'eau et sers avec le fromage blanc.

LES OISEAUX DU MARAIS DU DUER

Sais-tu les reconnaître ?

– Un **tadorne de Belon** : canard à tête noir et collier brun
– Une **sterne pierregarain** : mouette à dessus de tête noire et ailes grises
– Une **avocette élégante** : échassier à tête noire, bec retourné vers le haut, ailes blanches et noires
– Un **chevalier gambette** : échassier à bec et pattes orange, plumage brun-gris.

Dessins reproduits avec l'aimable autorisation de la LPO - Vogelberscherming

Les marais salants

De 1417 à 1950, les marais salants étaient ici en pleine activité. Aujourd'hui, la nature a repris ses droits et un chemin d'observation a été aménagé au travers du marais : on a pu y observer jusqu'à 160 espèces différentes d'oiseaux !

Méli-mélo dans le vent

Les mots de la liste sont cachés dans ce tableau. A toi de les retrouver. On peut les lire verticalement, horizontalement et même en diagonale, aussi bien de bas en haut que de haut en bas et de droite à gauche que de gauche à droite. Une même case peut servir pour plusieurs mots. Les lettres qui resteront formeront le nom d'une catégorie de bateaux prêts pour les grandes transats.

Foc
Spi
Ris
Bome
Bout
Winch
Drisse
Quille
Voiles
Skipper
Tapecul
Cacatois
Méridien
Nautique
Spinnaker
Mousqueton

N	S	I	O	T	A	C	A	C	T
O	A	Q	S	E	M	O	B	A	F
T	R	U	A	P	C	M	P	R	O
E	E	I	T	N	I	E	I	T	C
U	P	L	A	I	C	S	U	V	E
Q	P	L	R	U	Q	O	T	O	S
S	I	E	L	A	B	U	A	I	S
U	K	W	I	N	C	H	E	L	I
O	S	P	I	N	N	A	K	E	R
M	E	R	I	D	I	E	N	S	D

Que voir, que faire

à Elven ?

... Locqueltas, Monterblanc, Plescop, Saint-Avé, Trédion et Treffléan ?

Elven

Office du tourisme
Place Adrien-Le Franc
Tél. : 02 97 53 35 96

Que voir ?

- ***Beaucoup de patrimoine religieux***
- ***Forteresse de Largoët et son immense donjon du 14e siècle***

Tél. : 02 97 53 35 96

Que faire ?

- ***Une petite randonnée dans le bourg***

Participer à Arts Capella
Tél. : 09 64 08 67 26
Au mois d'août, à Elven et tout autour, ce festival propose pour les plus de 6 ans des spectacles et ateliers, tous liés à l'art sous toutes ses formes : expositions dans les chapelles ou sur des étangs, ateliers jeunesse avec les artistes, randonnées contées et autres instants magiques.

Locqueltas

Que faire ?

- ***Aller à la Seigneurie de la mare au poivre,***

Tél. : 02 97 66 62 46
Un arboretum insolite parsemé de sculptures poétiques.

- ***Une petite rando patrimoine dans le bourg***

Monterblanc

Que faire ?

- ***Participer aux soirées festives et musicales***

Le mardi à partir de 19 h
Gratuit

- ***Un tour en mongolfière...***

Kerduehr
Tél. : 02 97 62 76 00

- ***Un baptême de l'air en hydravion...***

Se renseigner à l'aérodrome (02 97 60 78 79) où l'on peut voir aussi la collection d'avions d'une association passionnée d'aviation.

La forteresse de Largoët

Ce château, plus connu aujourd'hui sous le nom de « tours d'Elven », date pour sa partie la plus ancienne du 13e siècle. Situé au cœur d'une région stratégique au Moyen Age, il s'est souvent trouvé mêlé aux conflits qui opposèrent pendant longtemps les royaumes d'Angleterre et de France. Abîmé par ces conflits, puis abandonné, il a bien failli être détruit plus d'une fois au cours du 19e siècle. L'inscription aux Monuments historiques le sauva en 1862 et il fut rénové un siècle plus tard. Aujourd'hui, on peut admirer son donjon octogonal haut de cinq étages, une belle tour ronde et une porte surmontée de mâchicoulis.

L'équipement du chevalier... en vrac

Pour partir au combat, le chevalier met une cuirasse, mais aussi plusieurs éléments de protection supplémentaires. A toi de mettre un peu d'ordre dans cet équipement... Le début et la fin de chaque mot se sont un peu éparpillés !

a) Je protège les mains : ***GANT...***
b) Je suis une cagoule tricotée en métal : ***CAM...***
c) On me met autour du cou : ***BAVI...***
d) Nous sommes bien accrochées aux épaules : ***SPA...***
e) Je suis une veste épaisse glissée sous l'armure : ***GAMBI...***
f) Pour le poitrail, il faut mettre un ***GORG...***
g) Chaque coude a sa ***CUBITI...***
h) Les pieds ne craignent rien avec leurs ***SOLE...***
i) Et enfin, ne pas oublier les ***GRÈ...*** *Sur les tibias*

Voici maintenant la fin des mots. Il faut que tu réunisses le début et la fin de chaque mot. Par exemple, GANT (a) va avec ELET (1), ce qui fait GANTELET.

1)... ***ELET***	*6)...* ***ÈRE***
2)... ***SON***	*7)...* ***ERIN***
3)... ***RETS***	*8)...* ***LIÈRES***
4)... ***AIL***	*9)...* ***ÈRE***
5)... ***VES***	

Plescop

Que faire ?

• ***Découvrir Yakapark***
Tréhuinec
Tél. : 02 97 63 82 40
Jeux et minigolf comme dans la forêt amazonienne.

Saint-Avé

Que voir ?

• ***La belle chapelle Notre-Dame du Loc***
(15e siècle). Tél. : 02 97 60 70 10

Que faire ?

• ***Un tour dans le ciel, en montgolfière***
Lescouedec. Tél. : 06 07 64 91 91

Trédion

Que faire ?

• ***La rando de Babouin et Babouine***
Pour découvrir les mégalithes dans la forêt (rando de difficulté moyenne).
• ***Aller boire une limonade dans l'ancienne bibliothèque du château de Trédion***
En profiter pour visiter les jardins à la française.

Treffléan

Que voir ?

• ***Musée des Maquettes en allumettes***
Bizole
Tél. : 02 97 43 03 20
30 maquettes faites avec passion.

Bistrot du Port
Crêperie - Brasserie
PIZZAS à EMPORTER
CRÊPERIE BRASSERIE
MEN DU
AY 284497
LA GODAILLE

Pays d'Auray

Des **centurions** pétrifiés

•

Un **écomusée** très breton

Une nuit en **roulotte**

•

Des **trimarans** vraiment très grands

Des **mégalithes** partout

•

Une île **très belle**

•

Une **chasse** au trésor

Et **bien d'autres choses** encore à découvrir…

A Auray, le petit port de Saint-Goustan.

Encyclo

Photo-mystère à Saint-Goustan

→ *Ouvrir l'œil et le bon pour retrouver tous ces détails. Pour cette promenade au port d'Auray, le début du parcours est situé sur le petit pont.*

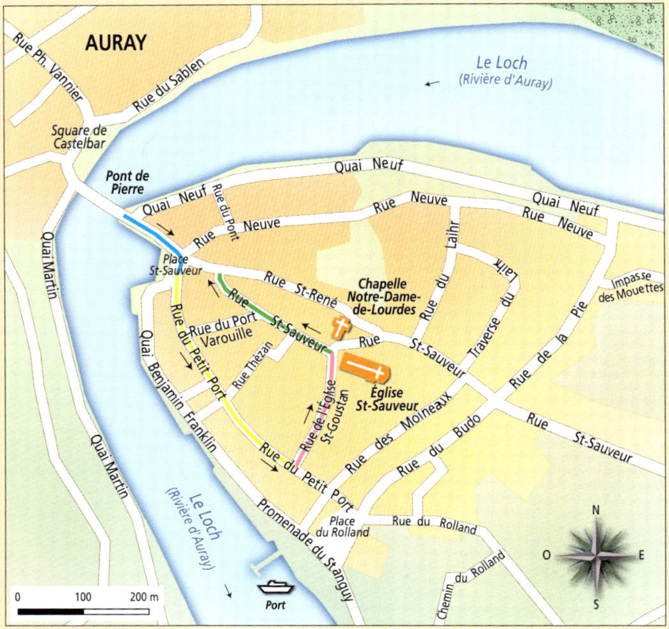

Voici quelques indices :

- *bien suivre le parcours indiqué sur le plan ;*
- *tenir compte des couleurs qui sont là pour vous aider.*

A vous de jouer !

Ville d'Auray 14.07.1992

Que voir, que faire à Auray ?

… Brec'h, Pluneret et Sainte-Anne-d'Auray ?

Le marché
Auray : lundi matin

Auray

Office du tourisme
20, rue du Lait
Tél. : 02 97 24 09 75

Que voir ?

- ***« Détours d'art »*** : des parcours, des visites, des randonnées à Auray et tout autour (10 communes)… Une façon formidable de (re) découvrir les chapelles du coin !
- ***Le joli port de Saint-Goustan*** et ses maisons à colombages
- ***La chapelle Saint-Sauveur*** à Saint-Goustan et sa maquette de bateau ex-voto

Que faire ?

- ***Une visite guidée*** le jeudi matin, gratuit pour les moins de 12 ans
- ***Aller se détendre au parc Utting***
Rue du Pont-Neuf
Aire de pique-nique
- ***Le « Jeu des six énigmes »***
Gratuit
Pour découvrir la ville avec… Benjamin Franklin, qui séjourna à Auray.
- ***Ecouter l'orgue à l'église Saint-Gildas*** après avoir fait le marché.
- ***Louer un canoë-kayak***
Tél. : 02 97 50 71 18
- ***Piscine***
7, rue du Four
Tél. : 02 97 24 22 78

Brec'h

Que voir ?

- ***Ecomusée de Saint-Degan***
Tél. : 02 97 57 66 00
Gratuit pour les moins de 4 ans
Tarif famille
Expositions, animations et ateliers pour tout savoir sur la vie quotidienne des Bretons d'autrefois : jeux bretons, sentiers d'interprétation des chemins creux, costumes, chaumières, verger conservatoire, atelier pain…
- ***Moulin de Treuroux et sa mini-ferme***
Tél. : 02 97 57 71 63
- ***Beaucoup de petites chapelles*** dont une, rare, puisqu'elle date des années 1960 et est très représentative de ces années d'après-guerre (Kervahl sur la RN 165)
- ***Deux lieux de mémoire dédiés aux Chouans*** (la Chartreuse et le petit temple du Champ des martyrs)

Que faire ?

- ***La petite rando « Demoiselle bleue »***
Départ au bourg
Pour voir des libellules au bord de l'eau.
- ***S'initier à la danse bretonne***
Gratuit
Le mardi à 20 h au bourg

Pluneret

Que voir ?

- ***Le tombeau de la comtesse de Ségur au cimetière***
- ***La jolie chapelle fortifiée Sainte-Avoye***
- ***L'étonnante gare Sainte-Anne,*** la seule en France à être surmontée d'une statue religieuse. C'est en effet là qu'arrivaient par le train tous les pèlerins se rendant à Sainte-Anne-d'Auray.

Que faire ?

• *Trois sorties nature*
Gratuit pour les moins de 12 ans
Tél. : 06 30 17 43 81

Sainte-Anne-d'Auray

Office du tourisme
9, rue de Vannes
Tél. : 02 97 24 34 94

Que voir ?

• *Sanctuaire du pèlerinage*
datant de la fin du 19e siècle
• *Musée de l'Historial*
6, rue de Vannes
Tél. : 02 97 57 64 05
Ce musée de cire retrace l'histoire du site, des premières apparitions à nos jours.
• *Galerie du cloître*
Route de Vannes
Tél. : 0800 50 35 07
Une exposition temporaire dans un magnifique espace du 17e siècle.
• *Le Trésor d'art religieux*
9, rue de Vannes
Tél. : 02 97 57 68 80
Gratuit pour les enfants
Ex-voto et cadeaux de remerciements datant, pour les plus anciens, du 15e siècle. Art populaire, art précieux, tout est représenté.

Les maisons à pans de bois à Auray.

LES STARS D' AURAY

Sainte Anne

Hannah, en hébreu, est la maman de la Vierge Marie, et donc la grand-mère du Christ… mais aussi la sainte patronne de la Bretagne (*Mamm Gozh ar Vretoned*). On raconte ici que sainte Anne a tout d'abord vécu en Bretagne où elle était mariée à un seigneur malveillant et cruel. Sous la conduite d'un ange, elle s'enfuit et trouve une barque sur une plage. Grâce à l'ange, elle arrive en Galilée par la mer. Là, comme on le sait par les textes, elle rencontre Joachim. De leur union naîtra Marie.

La comtesse de Ségur

Sofia Fiodorovna Rostopchina est née en 1799 à Saint-Pétersbourg, en Russie, et a passé de nombreux séjours au château de Kermadio à Pluneret, où elle est aujourd'hui enterrée. C'est une

Le sanctuaire des pèlerins à Sainte-Anne-d'Auray.

petite fille intelligente (elle parle cinq langues à 6 ans !) mais qui a du caractère. En 1812, sa famille est exilée en France car son père, gouverneur de Moscou, avait décidé de faire brûler une grande partie de la ville pour mettre l'armée de Napoléon en déroute. En France, elle épouse Eugène de Ségur dont elle a huit enfants... puis de nombreux petits-enfants ! C'est pour eux qu'elle écrit plein d'histoires dans son château des Nouettes en Normandie, où elle vit désormais au calme. A 58 ans, elle édite son premier livre dans la « Bibliothèque des chemins de fer » de Louis Hachette. Vingt-cinq autres titres suivront. Puis, à 67 ans, elle décide de rentrer dans les ordres chez les franciscaines.

Benjamin Franklin

En 1776, Benjamin Franklin fit accidentellement escale au petit port de Saint-Goustan. Parti d'Amérique en bateau, il se dirigeait vers Nantes, d'où il devait rejoindre Paris afin d'obtenir une aide pour la guerre d'Indépendance. Mais des vents contraires obligèrent le bateau à accoster en baie de Quiberon. C'est ainsi que la ville d'Auray accueillit l'un des Américains les plus célèbres et dynamiques de l'histoire... En effet, cet ambassadeur était aussi imprimeur à Boston, inventeur des lunettes à double foyer, météorologue spécialiste des orages et fut... corédacteur de la constitution américaine !

Enigmes au château !

Pour connaître les titres des livres les plus connus de la comtesse de Ségur, il faut savoir que a = 1, b = 2, c = 3...

a) 12.5.19//16.5.20.9.20.5.19//6.9.12.12.5.19//13.15.4.5.12.5.19.
b) 12.5.19//13.1.12.8.5.21.18.19//4.5//19.15.16.8.9.5.
c) 12.5.19//13.5.13.15.9.18.5.19//4//21.14//1.14.5.
d) 12//1.21.2.5.18.7.5//4.5//12//1.14.7.5//7.1.18.4.9.5.14.
e) 21.14//2.15.14//16.5.20.9.20//4.9.1.2.12.5.
f) 12.5//7.5.14.5.18.1.12//4.15.21.18.1.11.9.14.5.

Que voir, que faire à Carnac ?

… Crac'h, La Trinité, Locmariaquer, Plouharnel et Saint-Philibert ?

Office du tourisme
Carnac : mercredi et dimanche
Crac'h : jeudi matin
La Trinité : mardi et vendredi matin, les halles tous les jours
Locmariaquer : mardi et samedi après-midi
Plouharnel : vendredi
Saint-Philibert : samedi matin

Carnac

Office du tourisme
Office du tourisme
74, avenue des Druides
Tél. : 02 97 52 13 52
Plages surveillées
Saint-Colomban, Grande Plage

Que voir ?

• ***Eglise Saint-Cornely***
Pour ses ex-voto.
chapelle Saint-Colomban
• ***Pour ses peintures murales du 16e siècle***
• ***Alignements*** de Menec (1 099 menhirs), de Kermario (1 029 menhirs), de Kerlescan (555 menhirs)
• ***Maison des Mégalithes***
Le Ménec
Tél. : 02 97 52 29 81
Gratuit pour les moins de 18 ans
Pass'Mégalithes
Animations (gratuites dans certains cas) sur les techniques préhistoriques et l'archéologie
• ***Musée de la Préhistoire***
Place de la Chapelle
Tél. : 02 97 52 22 04
Ateliers interactifs, animations et randonnées. Le musée qu'il faut pour les futurs paléographes et archéologues.
• ***Tumulus du Moustoir***
(Er Mané)
• ***Tumulus Saint-Michel***
Datant de 4500 avant J.-C. et surmonté aujourd'hui d'une chapelle.

Le tumulus de Kerkado à Carnac.

Que faire ?

- ***Le petit train en ville ou la sortie bateau du yacht-club ?***
- ***Une petite rando de 5 km au milieu des mégalithes***
Voir à l'office du tourisme
- ***Le « Jeu du centurion »***
Avec l'office du tourisme. Gratuit
La visite de Carnac comme une véritable chasse au trésor… à la recherche d'un centurion qui choisit pour se cacher les endroits les plus intéressants de la ville.
- ***Visiter un élevage d'huîtres***
- ***Participer à un atelier céramique***
Village du Crucuny. Tél. : 02 97 56 80 30
Cours d'initiation
- ***Sports nautiques***
Dès 4 ans
- ***Clubs de plage***

Crac'h

Office du tourisme
Locmariaquer

Que faire ?

- ***Des balades contées***
- ***Se promener au bois Muller***
- ***Aller voir les deux mégalithes***
- ***Aller au parc de loisirs***
Gratuit. Parcours botanique et sportif, jeux extérieurs et aire de pique-nique.
- ***« Tickets Sports »***
de 9 à 17 ans
Pour découvrir les sports et les arts.
- ***Dormir dans une roulotte***
Ferme de Kérino. Tél. : 02 97 55 06 10

Alignements de Kerlescan.

La Trinité

Office du tourisme
Cours des Quais
Tél. : 02 97 55 72 21
Plage surveillée
Kervillen

Que faire ?

- ***Flâner au port de plaisance***
qui regroupe des trimarans exceptionnels !
- ***Aller faire un tour à Belle-Ile ou dans le golfe du Morbihan***
Tél. : 0825 132 150
- ***Visiter la rivière de Crac'h***
en bateau sans permis
Tél. : 02 97 30 10 00
- ***Faire un tour de pédalo***
Tél. : 02 97 30 10 00
- ***« Joue avec Plix »***
Un livret-jeux pour découvrir La Trinité.
- ***Participer aux « Jeudis du Grenier à sel »***
Contes, musique et spectacles.
- ***Faire des visites guidées chez un ostréiculteur***
Gratuit pour les moins de 10 ans
Tél. : 02 97 55 01 94
- ***Minigolf***
- ***Les sorties nature***
De jour comme de nuit
- ***Les animations nature***
Gratuit
- ***Clubs de plage***
- ***Sports nautiques***
Pour les petits et les grands
- ***Apprendre à pêcher en restant à quai***
Tél. : 06 25 99 23 09

Partie de pêche au port.

Locmariaquer

Office du tourisme
Rue de la Victoire
Tél. : 02 97 57 33 05

Que voir ?

- ***Les sites mégalithiques***
Tél. : 02 97 52 77 95
Gratuit pour les moins de 18 ans
Pass'Mégalithes, ateliers préhistoire à partir de 6 ans (poterie, tissage, gravure...)
Sept sites exceptionnels et de structures très diversifiées.

Que faire ?

- ***La « Randonnée des mégalithes »***
Le jeudi avec l'office du tourisme
Gratuit pour les enfants
- ***Les animations de l'office du tourisme***
Balades contées, initiation danse bretonne ou pêche à pied, les lundis du port, les rendez-vous des artistes qui travaillent sous vos yeux...
- ***« Tickets Sport »***
De 9 à 17 ans
Se renseigner à l'office du tourisme
Pour découvrir plein de sports... mais de l'art aussi !
- ***Sports nautiques - Minigolf***

La pointe de Kerbihan.

Plouharnel

Office du tourisme
Avenue de l'Océan
Tél. : 02 97 52 32 93

Que voir ?

- ***Les vestiges du mur de l'Atlantique***
- ***Les abbayes bénédictines de Kergonan et Saint-Michel***
- ***Le village du vieux bourg*** et ses maisons du 17e siècle
- ***Les trois sites mégalithiques***

Que faire ?

- ***Surf, char à voile et équitation***
- ***Musée de la Chouannerie***
Route de Quiberon
Tél. : 02 97 52 31 31
- ***Une visite chez un ostréiculteur***
Gratuit pour les moins de 12 ans
- ***Les sorties nature***
Tél. : 02 97 55 50 89

Saint-Philibert

Office du tourisme
Locmariaquer

Que voir ?

- ***Les trois sites mégalithiques***
- ***Des maquettes de bateaux*** (ex-voto) dans l'église

Que faire ?

- ***Sports nautiques,*** dès 5 ans
- ***Pêche à pied aux grandes marées***

Photo-mystère à Carnac

→ *Ouvrir l'œil, et le bon, pour retrouver tous ces détails à Carnac-Plage.*

Voici quelques indices :

- *bien suivre le parcours indiqué sur le plan ;*
- *tenir compte des couleurs qui sont là pour vous aider.*

A vous de jouer !

J.MOREL
ENTREPRENEUR
CARNAC
LA
MUSARDISE
ALLÉE
d'ARMORIQUE
58
Ker Melenec

Encyclo

UNE JOURNÉE AU NÉOLITHIQUE

Une journée bien remplie

« Bonjour,
Mon nom est Grem'ba et je vis à l'époque que tu appelles le « néolithique » (- 6500 à - 3000).
Mon village est installé près de la mer. Il est bien protégé par un talus et une palissade en bois.
J'habite avec toute ma famille dans une hutte. Nous avons aussi une très grande maison pour tout le village.
Ce matin, je me suis levé en même temps que le soleil et j'ai fait mon travail : j'ai d'abord donné à manger aux moutons et aux chèvres. Après, il a fallu que je retourne la terre avec l'araire pour pouvoir semer la prochaine récolte d'orge dans quelques jours.
Ensuite, j'ai réparé la hache de mon père car il en aura besoin bientôt pour défricher une partie de la forêt. Cela nous fera une nouvelle terre à cultiver.

A Locmariaquer, le cairn reconstitué de la Table des Marchands.

…ée couverte devant les alignements de Kermario.

A l'heure de manger, je me suis bien régalé car nous avions des galettes de seigle et des fruits ramassés par mes sœurs. J'adore ça !
J'ai bien travaillé aussi tout l'après-midi et j'ai fabriqué des grandes cordes avec des tendons d'animaux. On m'a dit qu'elles serviront à lever des pierres pour notre village. Pendant ce temps, maman m'a fabriqué des sandales en paille tressée.
Quand le soleil est parti, je me suis couché.
J'attends demain avec impatience car c'est un jour important. Les hommes et les garçons partent tous à la sépulture de nos chefs d'autrefois. J'aurai peut-être le droit de graver des décors sur ces pierres ? J'ai déjà tout dans la tête et je sais que je vais graver des vagues qui s'enroulent.
Grem'ba »

Pense-pas bête

Néolithique

Vient de neo *(« nouveau » en grec) et de* lithos *(« pierre » en grec). C'est donc le nouvel âge de la pierre, celui où les pierres sont polies et travaillées pour devenir des outils tels que la hache, la faucille, l'araire (ancêtre de la charrue).*

Dolmen

Vient de taol *(« table » en breton, issu du latin* tabula*) et de* men *(« pierre » en breton). C'est donc un mégalithe (grande pierre) qui servait de lieu funéraire et ressemble à une sorte de grande table de pierre. Il était toujours recouvert d'un cairn (petite colline) de terre ou de pierres.*

Menhir

Vient de men *(« pierre » en breton) et de* hir *(« long » en breton). C'est aussi un mégalithe. On ne sait toujours pas aujourd'hui à quoi servaient exactement ces pierres dressées, isolées ou bien rangées en alignements.*

Le Grand Menhir de Locmariaquer.

TOUS À CARNAC !

Encyclo

Félix Gaillard

Cet archéologue pas comme les autres est né en 1832 dans le Bordelais. Adulte, il s'installe à Plouharnel car il devient propriétaire et gérant de l'hôtel du Commerce. C'est là qu'il fait la connaissance d'archéologues anglais qui s'intéressent à la région. Tout cela le passionne et, rapidement, il invente le « tourisme mégalithique » en proposant à ses clients des excursions pour visiter les sites. Il crée même son propre musée. A cette même époque, on commence à s'alerter du danger que courent les sites, certains étant détruits soit pour libérer de la terre agricole, soit pour construire des bâtiments. Le ministre de l'Instruction publique et des Beaux-Arts, Jules Ferry, nomme donc Félix Gaillard « officier d'académie » avec pour mission de protéger, restaurer et fouiller les sites.

Les alignements de Kermario à Carnac.

Sur la route des Mégalithes

Pour retrouver le nom de ces célèbres sites mégalithiques de Carnac, il faut connaître cet indice : a = k, b = l, c = m, d = n... bonne « lecture » !

a) Cqdu-Auhyedut
b) Auhsqte
c) Auhcqhye
d) Cudus
e) Jekb-Sxywdqd
f) Cqdye

Il travaille d'arrache-pied, au détriment de son affaire commerciale qui périclite jusqu'à la faillite. On lui doit de nombreux ouvrages, des articles expliquant le rôle de l'astrologie dans l'implantation des pierres... et, surtout, le privilège, aujourd'hui, de voir ses sites mégalithiques en bon état de conservation.

Connais-tu bien Carnac ?

Saint Cornely sur son église.

1) En breton, comment s'écrit Carnac ?
a) Kernac.
b) Karnag.
c) Carnag.

2) Selon la légende, que fit saint Cornely ?
a) Il parlait aux corneilles.
b) Il a construit tout seul la chapelle Saint-Michel.
c) Il a transformé une cohorte romaine en menhirs.

3) Zacharie Le Rouzic...
a) était le chef de corps des sapeurs pompiers.
b) a été l'un des premiers conservateurs du musée de la Préhistoire.
c) a quitté l'école avant 10 ans.

Mystères sur le mur de l'Atlantique...

En allant à la pointe Berne, on peut facilement voir une casemate, répertoriée Va 32, qui est l'un des nombreux éléments formant le mur de l'Atlantique. Pour en savoir un peu plus sur ce mur, complète en urgence ce message « à trous » :

Informations sur le mur de l'Atlantique. Stop. Commencé en...... par l'Allemagne, où on l'appelle................. Stop. Il a été conçu pour empêcher un débarquement des..................... Stop. C'est une fortification.............. qui suit les ôtes de......., du nord au sud-ouest de la France. Stop. Il débute en Norvège et suit la côte vers......... Stop. Il continue au........., aux Pays-Bas, en.......... et, bien sûr, en France. Stop. Il est construit par l'organisation........ qui a déjà réalisé les bases sous-marines de......., Brest et................ Stop. Pour le construire, on a utilisé 1 million de........ d'acier et 15 millions de.............. Stop. Il est formé de plus de 1 000........ Stop.

Voici les mots à replacer dans le texte : Alliés, le sud, m³ de béton, Belgique, Saint-Nazaire, bétonnée, 1942, Todt, Danemark, Atlantikwall, l'Europe, Lorient, tonnes, blockhaus.

Que voir, que faire à Quiberon ?

… et sur les îles d'Hoëdic, d'Houat et Belle-Ile ?

Marchés
Quiberon : lundi, mardi, jeudi, samedi matin
Belle-Ile : tous les matins

Quiberon et Saint-Pierre

Office du tourisme
Rue de Verdun
Tél. : 08 25 05 56 00
ou 02 97 30 88 86

Plages surveillées
Grande Plage, Porigo, Saint-Julien, Penthièvre, Keraude

La Grand-Plage de Quiberon et ses villas anciennes.

Que voir ?

- ***« Place aux mômes »***
Spectacles gratuits pour les enfants
Le mardi à 18 h au jardin de Bretinio
- ***Les artistes peintres*** très présents sur la presqu'île
- ***Musée du Patrimoine de Quiberon***
3, rue du Port-Haliguen
Tout savoir sur l'histoire et les traditions de Quiberon, les naufrages, les épaves… Beaucoup de choses à voir.
- ***Festival « Pêcheurs d'histoires »***
Gratuit pour les moins de 12 ans
Le conte sous toutes ses formes.
- ***Visiter une entreprise sur le quai des Saveurs***
« La Belle-Iloise » vous dévoile ses techniques de fabrication.

Que faire ?

- ***Prendre le petit train***
Départ place Hoche
- ***Petites croisières vers le golfe ou Belle-Ile***, assurées par quatre compagnies

Vélo en famille à Quiberon.

- ***Aller se balader sur le port de pêche de Port-Maria***
- ***Balades nature et visites patrimoine***
Gratuit pour les moins de 12 ans
- ***Sports nautiques***
Dès le plus jeune âge
- ***Clubs de plage***
- ***Poney-club***
Dès 4 ans
- ***Aller pêcher en mer***
Tél. : 06 63 53 47 18

Ile d'Hoëdic

Que voir ?

- ***Le fort***
Tél. : 02 97 52 48 82
Ce fort, datant du 19e siècle, abrite une exposition sur le patrimoine naturel de l'île, mais aussi un gîte d'étape.
- ***La petite église***
et ses ex-voto de marins

Que faire ?

- ***Marcher en toute liberté...***
Il n'y a que des piétons sur cette île.
- ***Sports nautiques***
Dès 6 ans

Ile d'Houat

Que voir ?

- ***Eclosarium***
Rue de l'Ecloserie
Tél. : 02 97 52 38 38
L'infiniment petite vie des petites bêtes de la mer !

Que faire ?

- ***La randonnée par les chemins côtiers***
On peut toujours couper à mi-route pour raccourcir la promenade.
- ***Louer des vélos***
Route du Port
Tél. : 02 97 30 66 64
- ***Sports nautiques***

Belle-Ile

Office du tourisme
Quai Bonelle – Le Palais
Tél. : 02 97 31 81 93
Plages surveillées
Les Grands-Sables,
Herlin, Donnant

Que voir ?

- ***Maison de la Nature***
7, place Bigarré – Le Palais
Tél. : 02 97 31 40 15
Un musée consacré à la nature et à l'environnement. Expos, ateliers découverte et sorties.
- ***La pointe des Poulains***
Gratuit pour les moins de 12 ans
Pass'Culture
Ici, vécut pendant près de trente ans Sarah Bernhardt, une célèbre actrice de théâtre connue sur les cinq continents, véritable star du début du 20e siècle. Sur ce magnifique site, vous pouvez visiter les villas, le fort et le Grand Phare.
A vous de monter ses 213 marches pour bénéficier d'un panorama hors limite.
- ***La Citadelle de Vauban***
Le Palais
Gratuit pour les moins de 12 ans
On peut y visiter une exposition sur l'île... mais aussi y dormir !
- ***L'église du Palais***
Pour ses ex-voto, ses vitraux et ses superbes mosaïques.
- ***Beaucoup d'artisans-créateurs à découvrir***
- ***Réserve ornithologique de Koh Kastel*** Tél. : 06 75 72 28 29
- ***La traite des chèvres***
A 18 h à Kéroulep. Tél. : 02 97 31 76 28
- ***La Verrerie fluide***
Le Palais. Tél. : 02 97 31 29 01

Que faire ?

- ***Rando poneys***
Sauzon
- ***Randos sur les sentiers côtiers...***
Attention au vent !
- ***Une petite croisière*** pour faire le tour de l'île, aller à Quiberon ou même à La Turballe
- ***Animations de l'office du tourisme***
Balade sur un âne ou en mer, sorties nature en tous genres, découverte du port de pêche, soirées contées, stages de danse, de mosaïque ou de peinture, concert de la « Plage musicale en Bangor »...
- ***Sports nautiques***

EN ROUTE POUR LES ÎLES !

Méli-mélo en pleine mer

Des noms de lieux et de plages de Belle-Ile sont cachés dans ce tableau. A toi de les retrouver. On peut les lire verticalement, horizontalement et même en diagonale, aussi bien de gauche à droite que de droite à gauche. Une même case peut servir pour plusieurs mots. Les lettres qui resteront formeront le nom d'une dame très connue qui a passé ses vacances à Belle-Ile.

Orgo
Arzic
Biche
Brute
Kerzo
Vazen
Yeyew
Loscan
Samzun
Seveno
Arnaud
Deuborch
Kerroyan
Port-Jean
Port-Puce
Chubiguer
Port-Andro
Port-Blanc
Port-Yorch
Bagueneres
Bordardoué
Grands Sables
Port-Goulphar

P	O	R	T	A	N	D	R	O	Z	R	E	K
O	G	R	B	A	G	U	E	N	E	R	E	S
R	A	R	G	R	E	U	G	I	B	U	H	C
T	H	N	A	O	H	S	A	M	Z	U	N	H
B	C	A	N	N	S	D	U	A	N	R	A	C
L	R	E	R	E	D	E	R	N	A	N	Y	R
A	R	J	E	Z	Z	S	V	H	R	A	O	O
N	O	T	B	A	I	A	S	E	D	C	R	Y
C	B	R	U	T	E	C	V	A	N	S	R	T
E	U	O	D	R	A	D	R	O	B	O	E	R
R	E	P	O	R	T	P	U	C	E	L	K	O
A	D	Y	E	Y	E	W	B	I	C	H	E	P
R	A	H	P	L	U	O	G	T	R	O	P	S

Un bagne pour les enfants

Appelé officiellement « colonie pénitentiaire » ou « maison de correction », le bagne des enfants a été installé derrière la forteresse de Vauban en 1902. Les enfants y apprenaient le matelotage sur un bateau installé au milieu de la cour. Ils seraient donc un jour des marins... sans avoir navigué avant ! Ceux qui étaient conduits là avaient la plupart du temps commis un vol, ou avaient seulement fait preuve d'indiscipline ou de désobéissance. Les conditions de vie étaient tellement difficiles qu'une révolte éclata en 1932 et 55 « pupilles » s'évadèrent de cet enfer. Cet épisode est à l'origine du film *La Fleur de l'âge* écrit par Jacques Prévert et réalisé par Marcel Carné en 1947. L'établissement, dont le fonctionnement avait bien changé, fermera définitivement ses portes en 1977. Aujourd'hui, ses murs abritent différentes associations.

Recettes faciles pour partir sur les îles

Le burger-thon

Il faut : petits pains ronds, thon nature en boîte, laitue, mozzarella, crème fraîche, mayonnaise, huile d'olive, ketchup, Worcestershire sauce.

Mélange la mayonnaise, le ketchup et un petit peu de Worcestershire sauce. Dans un autre récipient, écrase le thon avec de la crème fraîche à la fourchette pour obtenir un mélange mousseux. Ouvre les petits pains et superpose sur la partie du bas : un peu de sauce, une tranche de mozarella, quelques gouttes d'huile d'olive, du cœur de laitue en lanières, la préparation de thon, une autre tranche de mozarella, une feuille de salade et encore un peu de sauce. Referme avec l'autre partie du pain.

La tartine du matelot

Il faut : sardines natures en boîte, beurre salé, aneth frais, citron, pain de mie complet.

Sors le beurre d'avance pour qu'il soit mou, gratte la peau des sardines et enlève l'arête centrale, mélange à la fourchette le beurre et les filets de sardine pour obtenir une pâte moelleuse. Tartine une tranche de pain avec ce « beurre de sardine », ajoute un filet de citron et de l'aneth haché. Ferme le sandwich et coupe-le en quatre triangles.

Que voir, que faire à Etel ?

… Belz, Erdeven et Ploemel ?

Marchés
Etel : mardi matin et vendredi soir
Erdeven : jeudi matin et lundi 18 h

Etel

Office du tourisme
Rue de Verdun
Place des Thoniers
Tél. : 02 97 55 23 80

Plages surveillées
Plage surveillée
Plage du Stang

Que voir ?

• ***Musée des Thoniers***
3, impasse Jean-Bart
Tél. : 02 97 55 26 67
Gratuit pour les moins de 8 ans
Découvrir la vie de pêcheurs professionnels vraiment sportifs ! Jeux, pêche à la ligne et ateliers pédagogiques.

• ***La Fête du thon*** en août et son défilé de chars
Une tradition remarquablement bien préservée.

Que faire ?

• ***Une petite croisière dans la ria et ses îlots***
Tél. : 02 97 46 18 19

• ***Traverser la ria avec le passeur Treh-Simon***
Gratuit pour les vélos,
A l'embarcadère, près de l'office du tourisme

• ***Sports nautiques***
Dès 3 ans

Belz

Office du tourisme
Rue du Général-de-Gaulle
Tél. : 02 97 55 33 13

Que voir ?

• ***Nombreux mégalithes sur la commune***

La ria d'Etel

Une ria est la partie maritime d'un petit fleuve côtier, là où se mélangent eau douce et eau de mer. Celle d'Etel est une petite mer, d'une surface de 4 ha où la navigation est tranquille. On y compte six petites îles : îles du Niheu et du Petit-Niheu, île de Riec, île des Moines, île de Fandouillec et surtout Saint-Cado, où l'on peut se rendre à pied grâce au petit pont, ce qui est l'occasion d'une très jolie promenade. La flore et la flore sont très diversifiées dans la ria grâce à la présence d'eaux douce et salée. Les entreprises ostréicoles y sont d'ailleurs nombreuses.

• ***La chapelle de Saint-Cado***
et le lit de Saint-Cado
• ***Une entreprise ostréicole***

Que faire ?

• ***Aller à pied sur l'île Saint-Cado***
• ***Petites randos et sentiers côtiers***
• ***Faire une partie de pêche en mer***
• ***Aire de loisirs de La Lande***
Gratuit

Erdeven

Office du tourisme
7, rue Abbé-Lebarh
Tél. : 02 97 55 64 60
Plages surveillées
Kerhillio, Kerrouriec

Que voir ?

• ***« Festimômes »***
Spectacles pour les enfants
Le mercredi à 18 h
Gratuit
• ***Beaucoup de chapelles et de sites mégalithiques***

Que faire ?

• ***Petite rando des plages***
• ***Jeu « Sur les traces d'Ardeuwen »***
Avec ce livret-jeux, on devient chevalier, homme préhistorique ou archéologue pour découvrir Erdeven.
• ***Animations de l'office du tourisme***
Initiation à la danse bretonne, visite à la ferme, rando des mégalithes...

Des voiles à terre et en mer.

• ***Sports nautiques***
• ***Char à voile***
• ***Minigolf***
• ***Club de plage***

Ploemel

Que voir ?

• ***Chapelle Notre-Dame-de-Recouvrance***
Ses peintures murales (17e siècle) sont vraiment étonnantes. Beaucoup d'autres jolies chapelles sur la commune.

Que faire ?

• ***Petite rando du Mané-Bogad***
« Forêt Adrénaline »
Tél. : 02 90 84 00 20
Pack Famille
Parc d'accrobranches : ateliers d'équilibre, « parcours mygale », sentiers pédagogiques.
• ***« Le P'tit Délire »***
Kergo
Tél. : 02 97 56 73 51
Jeux en tous genres en extérieur ou couverts, vélos incroyables, aire de pique-nique.
• ***« Pop-Corn »***
Route de Quiberon
Tél. : 06 60 64 77 52
Gratuit pour les moins de 4 ans
Labyrinthe.
• ***Parc de Mané-Bogad***
Gratuit
Plan d'eau, jeux extérieurs, aires de pique-nique.
• ***Dormir dans une cabane, une roulotte ou une yourte ?***
Dihan – Kerganiet
Tél. : 02 97 56 88 27

Que voir, que faire à Pluvigner?

...Camors, Colpo, Grand-Champ et Landaul ?

Marchés
Pluvigner : samedi matin

Pluvigner

Office du tourisme
Place Saint-Michel
Tél. : 02 97 24 79 18

Que voir ?

• ***Ferme pédagogique de Kerporho***
Tél. : 02 97 24 78 81
Animaux miniatures, balades à dos de poney, d'âne et même en brouette.

• ***Site archéologique gaulois***
Talhouet
Gratuit
Avec panneaux d'interprétation

Que faire ?

• ***Les Jardins de Vénus***
La Haie – Bieuzy-Lanvaux
Tél. : 02 97 56 08 86
L'endroit rêvé pour ceux qui aiment la nature... poétique. Ici, de nombreuses activités sont proposées : balades contées en forêt (avec un violoncelle !), contes inédits écrits par les auteurs des Jardins de Vénus, jardinage bio dans un espace étonnant.

Camors

Que voir ?

• ***« Au sabot camorien »***
Route d'Auray
Tél. : 02 97 39 28 64
Fabrication artisanale de sabots

Que faire ?

• ***Aller se promener dans une belle forêt domaniale facile d'accès***
• ***Le circuit des mégalithes***
• ***Un petit train touristique, son voyage animé et son musée à la gare***
Tél. : 06 86 58 33 44
• ***« Camors Adventure Forest »***
Le Petit Bois
Tél. : 02 97 39 28 69
Aire de pique-nique
Dans les arbres pour s'amuser...
Parcours acrobatiques.

Découvre les mégalithes de Camors

Si tu veux savoir quels mégalithes sont à visiter à Camors, il faut que tu arrives à lire ce message écrit, avec beaucoup de fantaisie, par un korrigan de la forêt de Floranges. Il a mis les voyelles en désordre ! a remplace e, e remplace i, i remplace o, o remplace u, u remplace a. Bonne lecture !
« Ullaz hip, soes-mie at veans vier l'ulegnamant da Cirvanac, la Manher-Brus, la Manher-Behun (ca qoe vaot dera grund at patet manher) at l'ullaa ciovarta da Lunn-ar-Vaen. »

Sport « d'altitude » à Camors.

Une princesse à Colpo !

Née en 1806 en Italie, Napoléone Elisa Baciocchi est la nièce de Napoléon Ier. Elle vit la vie normale d'une princesse, en Italie, puis en France. Mais après le décès de son fils unique, elle choisit de se retirer à Colpo, en Bretagne, pour « fuir le monde ». Là, elle fait construire une ferme modèle qui plaît beaucoup à son cousin Napoléon III lorsqu'il vient lui rendre visite en 1858. Il décide donc de lui accorder les crédits nécessaires pour faire bâtir dans cette petite commune un nouveau bourg avec une mairie, un hôpital, une école et une église.
La princesse meurt d'une chute de cheval à l'âge de 63 ans.

Dès 2 ans
Ateliers nature, balades contées, coin lecture.
- ***Equitation***
Tél. : 02 97 08 10 96
Dès 2 ans

Colpo

Que voir ?

- ***Le centre du bourg***
Fleuron de l'architecture du second Empire… En effet, la princesse Napoléone Elisa Baciocci fit ici construire une jolie petite ville selon son goût. La mairie, l'école, la place, l'église forment un ensemble étonnant et harmonieux. Dans l'église, on peut voir le tombeau de la princesse.
- ***Le vieux bourg de Colpo***
Au nord de la commune
- ***Plusieurs mégalithes intéressants***

Grand-Champ

Que voir ?

- ***Manoir de Kerguelen***
datant des 15e, 17e et 18e siècles
Tél. : 02 97 61 40 18
Gratuit pour les moins de 10 ans
- ***La tombe des chouans*** Au cimetière
- ***Les nombreuses petites chapelles***
- ***Le parc de Ti Kreiz Ker***

Que faire ?

- ***Piscine***
Rue du Général-de-Gaulle
Tél. : 02 97 66 78 62

Landaul

Que voir ?

- ***Jardin du château de Kerambar'h***
Tél. : 02 97 24 63 86
Plus qu'un jardin, un passionnant voyage dans le temps, passant du Moyen Age à la Renaissance. Jardin médicinal, courtois, liturgique…
A vous de choisir celui que vous préférez.

Que faire ?

- ***Equitation***
Tél. : 06 87 04 47 46

CHOUANS, EN AVANT !

La chouannerie, qu'est-ce que c'est exactement ?

Au moment de la Révolution française, une partie de la population de l'ouest de la France se révolta contre la toute nouvelle république. Cela commença par des révoltes paysannes à Vannes, à Pontivy (et ailleurs dans l'Ouest) avant de devenir une véritable guerre civile et meurtrière qui opposa, de 1794 à 1800, les royalistes, qu'on appelait aussi « chouans », et les républicains, qui furent finalement victorieux.

Pas seulement en Vendée !

En Bretagne aussi, les chouans étaient nombreux et organisés en armées catholiques et royalistes dont l'emblème était un cœur rouge surmonté d'une croix. L'armée du Morbihan eut comme chef le célèbre Georges Cadoudal, guillotiné le 6 messidor an 12 (ce qui correspond au 25 juin 1804) et dont le mausolée est à Auray. Chaque ville importante avait donc sa « légion » dirigée par un chef chouan. On sait, par exemple, qu'en 1795 il y avait à Elven 2 916 hommes conduits par Sébastien de La Haye de Silz, 702 à Auray sous la conduite de Cadoudal, 1 026 à Grand-Champ avec La Bourdonnaye.
De grandes batailles eurent lieu à Auray, Groix, Josselin, Landévant, Quiberon, Grand-Champ, Le Faouët...

A faire
La route des Chouans

Parcours sur la chouannerie réunissant 18 sites dans le Morbihan (Auray, Crac'h, Plouharnel, Carnac...). Se renseigner à l'office du tourisme d'Auray. Tél. : 02 97 56 41 74. A ne pas rater aussi : le musée de la Chouannerie à Plouharnel. Tél. : 02 97 52 31 31

Quiz chouannerie

a) Georges Cadoudal est mort de vieillesse. **Vrai ou faux ?**
b) Les chouans étaient républicains. **Vrai ou faux ?**
c) Le calendrier révolutionnaire a commencé en 1789. **Vrai ou faux ?**
d) La chouannerie a été très active dans l'ouest de la France. **Vrai ou faux ?**
e) L'emblème des chouans est un cœur bleu. **Vrai ou faux ?**
f) Ce sont les républicains qui ont gagné la guerre contre les chouans. **Vrai ou faux ?**

Un calendrier pas ordinaire

Le calendrier républicain, inventé à la Révolution, avait été créé pour remplacer le calendrier grégorien dont nous nous servons toujours aujourd'hui. Il commença en 1792 (an 1) et servit en fait assez peu. Les semaines comptaient dix jours et les mois étaient classés par saisons.

Printemps
- *Germinal (21 mars – 19 avril)*
- *Floréal (20 avril – 19 mai)*
- *Prairial (20 mai – 18 juin)*

Eté
- *Messidor (19 juin – 18 juillet)*
- *Thermidor (19 juillet – 17 août)*
- *Fructidor (18 août – 16 septembre)*

Automne
- *Vendémiaire (22 septembre – 21 octobre)*
- *Brumaire (22 octobre – 20 novembre)*
- *Frimaire (21 novembre – 20 décembre)*

Hiver
- *Nivôse (21 décembre – 19 janvier)*
- *Pluviôse (20 janvier – 18 février)*
- *Ventôse (19 février – 20 mars)*

« Breton en sentinelle devant une église », par Charles Lejoyeux.
Coll. Musée d'Art et d'Histoire de Cholet, dépôt des musées de Pontoise © René Golder – Cholet

Pays de Lorient

Une nuit dans une **yourte** • Un **village** comme autrefois
Une compagnie très **indienne** • Une balade en **vieux gréement**
Un **festival** très **celte** • Une promenade en **calèche**...

Et **bien d'autres choses** encore à découvrir...

e port de Lorient
t le quai des Indes.

Pays de
Lorient

Que voir, que faire

à Lorient

… Groix, Guidel, Larmor-Plage et Ploemeur ?

Office du tourisme
• Port Vauban
Tél. : 08 25 13 52 00

Marché
• Groix : marché couvert tous les jours
• Guidel : mercredi et dimanche matin, vendredi à 18 h
• Larmor-Plage : dimanche matin
• Lorient : mercredi, vendredi et samedi matin. Halles : tous les jours à Merville, du mardi au samedi à Saint-Louis
• Ploemeur : lundi, mercredi et dimanche matin

Un catamaran de compétition à quai.

Lorient

Office du tourisme
Maison de la Mer
Quai de Rohan
Tél. : 02 97 84 78 00

Que faire ?

• ***Archi'mômes***
Animations du patrimoine
A réserver absolument au 02 97 02 59 31 (porte Gabriel, enclos du port)
De 3 à 12 ans
Chasse au trésor, ateliers ludiques à la découverte de Lorient, livret-jeux pour visiter la ville…

• ***Visite des ports à vélo***
• ***Visite guidée de la ville des années 1950***
• ***Visite du port de pêche, de la criée, du chantier naval***
Avec le CCSTI
Se renseigner à l'office du tourisme
• ***Le Festival interceltique*** a lieu tous les ans à Lorient pendant dix jours début août. C'est la grande fête

du monde celtique qui réunit danseurs costumés et musiciens en provenance des différentes régions celtes. La grande parade gratuite est un vrai régal.

Que voir ?

• ***Cité de la Voile***
Base de sous-marins de Keroman
Tél. : 02 97 65 56 56
Gratuit pour les moins de 5 ans
Forfait famille
Tout ce qu'il faut savoir sur la voile moderne et la course au grand large est ici : expositions, manipulations de matériel, espace « Toutes Voiles dehors » pour les enfants et atelier « Escala'Animation ».

• ***Base de sous-marins de Keroman***
Tél. : 02 97 84 78 00
Gratuit pour les moins de 12 ans
Appelée aussi « K3 », cette base bétonnée a été construite en 1941 et offrait 24 000 m² de surface pour accueillir plus de trente sous-marins en même temps. Aujourd'hui, c'est l'équivalent de la taille du plus grand hypermarché de France !

• ***Musée du sous-marin du port***
Base des sous-marins de Keroman
Tél. : 06 07 10 69 41
Gratuit pour les moins de 7 ans
Découvrir le plus vieux simulateur de sous-marin et les techniques du sauvetage en eau profonde.

• ***Sous-marin* La Flore**
Keroman
Tél. : 02 97 65 52 87
Gratuit pour les moins de 5 ans
Forfait famille
Pass'Patrimoine
On découvre ici la vie quotidienne et le métier des sous-mariniers. Animations pour les enfants.

• ***Navire* La Thalassa**
Port de plaisance,
Tél. : 02 97 35 13 00
Gratuit pour les moins de 5 ans
Tarif famille
Pass'Patrimoine
Cet ancien bateau scientifique de l'Ifremer vous propose des expositions sur la vie des océans. Ateliers ludiques et expérimentaux, livret-jeux, animations nocturnes, rencontre avec des professionnels. Venez voir la coque décorée par un graffeur célèbre...

La Cité de la Voile.

Pourquoi « Lorient » ?

Quand Colbert installe les bureaux et entrepôts de la Compagnie des Indes à Port-Louis, il faut trouver un endroit pour les chantiers navals. En face, à Ploemeur, de grands territoires sont disponibles en bord de mer. Une nouvelle ville apparaît donc en 1666... On l'appellera « L'Orient », puisqu'elle sera le port de départ du nouveau commerce vers l'Orient.

Pays de Lorient

Groix

Office du tourisme
Quai de Port-Tudy
Tél. : 02 97 84 78 00

Que voir ?

• ***Ecomusée de l'île de Groix***
Port-Tudy
Tél. : 02 97 86 84 60
Gratuit pour les moins de 10 ans
Un musée pour découvrir la vie quotidienne sur une île (école, commerces...) et l'histoire du sauvetage en mer, pour visiter une vraie maison de pêcheur ou participer à un atelier de matelotage (nœuds)...

• ***Réserve naturelle François-Le Bail***
Renseignements, animations et expositions à la Maison de la Réserve située au bourg
Tél. : 02 97 86 55 97
Gratuit pour les moins de 12 ans
Près de 100 ha pour découvrir la faune et la flore de l'île.

• ***L'Escargoterie***
Kerbus
Tél. : 02 97 86 58 64
Gratuit
Tout connaître enfin sur la vie et le développement des escargots !

Que faire ?

• ***40 km de chemins à faire à vélo ou à pied***

• ***Passer une journée en mer sur un vieux thonier***

• ***Et pourquoi pas un tour de l'île en taxi ?***

• ***Le « Parcabout Chien noir »***
Bois du Grao
Tél. : 02 97 86 57 61
Tarif famille - Aire de pique-nique
Un parc d'aventures acrobatiques conçu par des marins ! Le petit plus : dormir dans un nid dans les arbres.

• ***Sports nautiques***
Dès 7 ans

Guidel

Office du tourisme
9, rue Saint-Maurice
Tél. : 02 97 84 78 00
Plages surveillées
Pen er Malo, plage du Loch

Que voir ?

• ***Expositions des « Sept Chapelles en art »***

Que faire ?

• ***Se promener dans la réserve des marais du Grand-Loch***

• ***Faire un tour sur les rives de la Laïta***

• ***Petites randos***
A partir de 3 km
Voir à l'office du tourisme

• ***Minigolf***
La Falaise

• ***Ferme d'autruches de La Saudraye***
La Haye
Tél. : 02 97 65 04 54
Aire de pique-nique
Découvrir les autruches et les émeus à tous les âges de leur vie.

• ***Dormir dans une vraie yourte***
Coatroual
Tél. : 02 97 02 99 00
Comme en Mongolie !

• ***Sports nautiques***
Dès 5 ans

Larmor-Plage

Office du tourisme
Avenue du Général-de-Gaulle
Tél. : 02 97 33 70 02
Plages surveillées
Toulhars, Port-Maria, Kerguelen

Que voir ?

• ***Eglise Notre-Dame de Larmor datant du 15e siècle***

• ***Villas de Kernevel***

Que faire ?

• ***Petite rando du parc océanique de Kerguelen***

• ***Observatoire ornithologique de Quélisoy***

• ***Club de plage***

• ***Sports nautiques***
Dès 4 ans

Le Fort-Bloqué à Ploemeur.

Ploemeur

Office du tourisme
Office du tourisme
25, place de l'Eglise
Tél. : 02 97 85 27 88
Plage surveillée
Fort-Bloqué

Que faire ?

- ***Se balader au village du Divit ou à l'étang du Ter***
- ***Faire une petite croisière vers Groix***
- ***Petites randos dans le bourg***
- ***Parc aventure « Le Poisson volant »***

Route de Fort-Bloqué
Tél. : 06 80 24 05 06
Aire de pique-nique - 75 jeux d'arbres en arbres - A partir de 3 ans

- ***« Parc de Soye »***

Tél. : 02 97 83 53 87
Gratuit pour les moins de 18 ans
Un lieu d'histoire pour comprendre la Seconde Guerre mondiale dans la « poche de Lorient » et la vie quotidienne dans les baraques des réfugiés après la guerre.

- ***Sports nautiques***

Que voir ?

- ***« Les Jeudis de Ploemeur »***

A partir de 19 h
Des artisans et de la musique.

Photos-mystère à Lorient

→ ***Avoir l'œil, et le bon, pour retrouver tous les détails…***
Allez vite place Alsace-Lorraine et entrez dans l'église Notre-Dame-des-Victoires pour retrouver chaque détail de ce quiz. Cet immense édifice, que les Lorientais appellent encore « Saint-Louis », remplace l'église détruite en 1943. En effet, cette année-là, Lorient a été rasée à 80 % par l'aviation alliée qui essayait de venir à bout d'une position allemande très résistante. La « poche de Lorient » était centrée autour de la base des sous-marins qui abrite aujourd'hui la Cité de la Voile.

L'église Saint-Louis avant sa démolition

RCI
RECONNAISS
ERCI

20.VI.1953

LA BRETAGNE, TERRE DES CELTES

L'origine du peuple celte

On sait que, il y a 4 000 ans, un peuple quitte l'Asie et se met en marche vers l'ouest. C'est au cours du deuxième millénaire que la civilisation celte s'est installée dans nos régions (les Gaulois) et qu'elle y apporte sa culture, son artisanat et son art très géométrisant. L'âge d'or des Celtes se situe aux alentours des 4e et 3e siècles avant J.-C. Ce sont les invasions romaines qui seront à l'origine non pas de l'extinction d'un peuple, mais de son assimilation dans une autre culture.

Les régions celtes d'aujourd'hui

La Bretagne en France, l'Asturie et la Galice au nord-ouest de l'Espagne, l'Ecosse, l'Irlande, la Cornouaille, l'Ecosse, le pays de Galles et l'île de Man au Royaume-Uni. Ces différentes

Défilé de musicien au Festival interceltique.

Pour parler breton...

Maman	*Mamm*
Papa	*Tadig*
Enfant	*Bugel*
Jeu	*C'hoari*
Maison	*Ti*
Vacances	*Vakansoù*
Plage	*Treazhenn*
Chien	*Ki*
Chat	*Kazh*
Mouette	*Gouelan*

Des coiffes bretonnes pour tous les âges.

régions partagent un patrimoine linguistique et artistique commun. Par exemple, on sait que la cornemuse est un biniou en Bretagne, une *gaïa* dans le secteur espagnol, un *lowland pipe* et un *great highland bag pipe* en Ecosse.

Les langues celtes

Il existe, d'une part, les langues gaéliques telles que l'irlandais, l'écossais et le manx pour l'île de Man et, d'autre part, les langues brittoniques avec le breton, le gallois et le cornique (Cornouailles). Il semble que le celtibère ait disparu en Espagne.

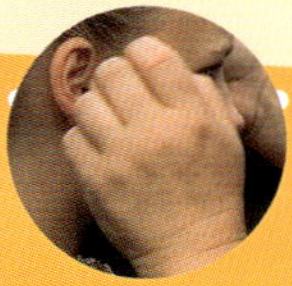

Jeu des 7 détails...

À vous de retrouver la place de ces 7 détails dans l'image ci-dessus.

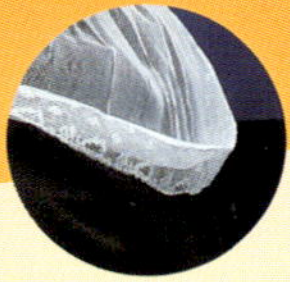

Que voir, que faire à Port-Louis

... Gâvres, Locmiquélic, Plouhinec et Riantec ?

Marchés
Port-Louis : samedi matin, mercredi à 18 h
Gâvres : jeudi matin
Locmiquélic : vendredi matin
Plouhinec : lundi à 18 h
Riantec : mercredi matin

La Citadelle de Port-Louis.

Port-Louis

Office du tourisme
1, rue de la Citadelle
Tél. : 02 97 847 800
Plage surveillée
Pâtis

Que voir ?

• ***Musée de la Compagnie des Indes***
La Citadelle
Tél. : 02 97 82 19 13
Gratuit pour les moins de 12 ans
Ici, les enfants aiment les maquettes, les scènes reconstituant la vie à bord, la découverte des épices des Indes.
Pour les enfants : atelier, grand jeu et livret-jeux.

• ***Musée de la Marine nationale***
La Citadelle
Tél. : 02 97 82 56 72
Gratuit pour les moins de 25 ans
Livret pédagogique
Tout savoir sur l'archéologie marine, le sauvetage en mer et même la vaisselle chinoise d'autrefois...

• ***Observatoire du Plancton***
Boulevard de la Compagnie-des-Indes
Tél. : 02 97 82 21 40
Gratuit pour les moins de 6 ans
Ici, règne l'infiniment petit.
Participation à l'atelier pêche et observation du plancton sur inscription.

En vacances chez les Gallo-Romains

La villa de Mané-Vechen est un bel exemple de villa d'été gallo-romaine. Face à la mer, elle a été conçue pour profiter au maximum du paysage. Les nombreuses salles de réception, dont un grand salon de 45 m2 chauffé par le sol, étaient décorées de fresques et, dans certains cas, de coquillages. Les jardins aussi étaient remarquables et luxueux. Là, tout n'est qu'ordre et beauté... Les fouilles continuent pour dévoiler de nouveaux trésors.

Que faire ?

- ***Une petite croisière en vieux gréements***
Tél. : 06 09 96 26 84
- ***Découvrir la pêche en mer***
Tél. : 02 97 65 52 52
- ***Petite rando en ville***
- ***Sports nautiques***
Dès 4 ans

Gâvres

Office du tourisme
Gâvres-Océan

Que voir ?

- ***Fort de Porh-Puns***
- ***Dolmen enterré à la galerie de Goëren***
- ***Le joli port de Ban-Gâvres***

Que faire ?

- ***Petites randos de moins de 5 km***
- ***Rando sur le cordon littoral et dunaire***
- ***Louer des bateaux sans permis pour visiter la petite mer***
- ***Prendre la navette pour aller à Lorient***
- ***Sports nautiques***
- ***Char à voile***

Locmiquélic

Que faire ?

- ***Aller dans la réserve naturelle de Men Mané sur les rives du Blavet***
- ***Faire une petite croisière sur le vieux gréement L'André-Yvette***
Tél. : 02 97 42 61 78

Plouhinec

Que voir ?

- ***Villa gallo-romaine de Mané-Vechen***
Tél. : 02 97 85 88 88
Visite gratuite
Ateliers découverte pour les enfants : fouilles archéologiques, fresques...
- ***Village ancien sur la presqu'île de Nestadio***
- ***Mégalithes***

Que faire ?

- ***Petites randos dans le bourg***
- ***Boucle des mégalithes***
A faire à vélo (10 km)

Riantec

Office du tourisme
Château de Kerdurand
Tél. : 02 97 33 52 40

Que faire ?

- ***Petite rando facilement morcelable au départ de l'église***
- ***Maison de l'île***
Tél. : 02 97 84 51 49
Gratuit pour les moins de 5 ans
Tarif famille
Pass'Découverte
A la découverte des écosystèmes de la lagune : pêche à pied, ateliers pour les enfants, balades nature.
- ***Parcours santé au parc du château de Kerdurand***

Photos-mystère à Port-Louis

→ *Ouvrir l'œil, et le bon, pour retrouver tous ces détails...*
Pour commencer la promenade, il faut se rendre sur la place située devant le fort.
En face du fort, il y a une porte qui vous emmènera vers la plage...

La Compagnie des Indes

La Compagnie des Indes orientales a été créée par Colbert en 1664 pour faire concurrence aux Anglais et aux Hollandais. C'est une compagnie commerciale qui avait pour mission de développer les échanges et les bénéfices sur un territoire qui couvrait les océans Pacifique et Indien, du cap de Bonne-Espérance au détroit de Magellan. La compagnie avait reçu du roi divers privilèges, dont le monopole du droit de battre monnaie, d'armer des bateaux pour le commerce ou pour la guerre, de faire du trafic d'esclaves... C'est ainsi que le marché français fut bien approvisionné en épices, café, bois précieux, porcelaines et soieries chinoises, cotonnades indiennes.

Que voir, que faire à Hennebont

… Brandérion, Inzinzac-Lochrist, Languidic, Plouay, Pont-Scorff et Quistinic ?

Marchés
- Hennebont : jeudi matin
- Languidic : vendredi matin
- Plouay : lundi matin
- Pont-Scorff : samedi matin

Hennebont

Office du tourisme
9, place Foch
Tél. : 02 97 36 24 52

Que voir ?

- ***Musée des Tours Broërec'h***

Rue de la Prison
Tél. : 02 97 36 29 18
Gratuit pour les moins de 12 ans
Ce musée d'histoire et des traditions rassemble une collection permettant de comprendre le riche passé d'Hennebont. Ateliers animation pour les enfants.

- ***Haras national***

Rue Victor-Hugo - Tél. : 02 97 89 40 30
Gratuit pour les moins de 6 ans
Pass'Découverte
Un lieu à visiter en famille pour découvrir le cheval et son univers (sellerie, maréchalerie, forges…). Shows équestres et spectacles nocturnes.

- ***Visite de la ville***

Visite guidée
Gratuit pour les moins de 12 ans
Document spécial pour les enfants

- ***Fêtes médiévales -*** Fin juillet

Deux journées avec la machine à remonter le temps ! Théâtre, défilé, marché, tournoi, jongleurs, rapaces, spectacle, tours de poney…

Que faire ?

- ***Mini-croisières pour aller à l'île de Groix***

Se renseigner à l'office du tourisme

- ***Petites randos et chemin de halage***
- ***Promenade en calèche au haras***

Tél. : 02 97 89 40 30

- ***Equitation***

Dès 3 ans

- ***Aviron, canoë***

Brandérion

Que faire ?

- ***Parcours sportif***

Bois des Blés d'or

- ***Petite rando au départ de l'église***

Possible en poussette

- ***La Tisserie***

Rue Vincent-Renaud
Tél. : 02 97 32 90 27
Gratuit pour les moins de 5 ans
Forfait famille - Pass'Découverte
Expositions et démonstrations pour tout savoir sur l'art du tissage ici et dans le monde. Ateliers pour les enfants.

Inzinzac-Lochrist

Office du tourisme
La Charpenterie
Tél. : 02 97 36 01 16

Que voir ?

- ***Ecomusée des Forges***

Mail François-Giovannelli

Les fêtes médiévales à Hennebont.

Tél. : 02 97 36 98 21
Gratuit pour les moins de 6 ans
Des objets, films, outillages et maquettes pour comprendre le travail de la métallurgie dans cette forge qui a employé jusqu'à 3 000 personnes en 1936.
Jeu de piste et objets à manipuler pour les enfants.

Que faire ?

- ***Se promener au jardin du Blavet et sur l'île de Locastel***
- ***Petites randos possibles en poussette***
- ***Promenade en péniche***
- ***Sports nautiques sur le plan d'eaux vives***
- ***Poney club***
- ***Location de vélos***

Que voir, que faire

Tipi au ranch de Calamity Jane.

Languidic

Office du tourisme
2, rue de la Mairie
Tél. : 02 97 65 19 14

Que faire ?

- ***Petites randonnées***
- ***14 chapelles à contempler !***
- ***Une petite croisière sur la rivière***
- ***La Ferme du cheval de trait***

Château de la Vigne
Tél. : 02 97 65 83 96
Visiter un élevage, une sellerie, un musée avec des vieilles voitures hippomobiles… et finir la journée par une promenade en calèche.

- ***Monter à cheval dans l'un des deux centres équestres***
- ***Se rendre au Ranch de Calamity Jane***

Kerhouriette - Tél. : 02 97 65 81 13
Dormir dans un tipi, manger la cuisine des Indiens et des cow-boys, ateliers tir à l'arc, lasso et rodéo, veillées country autour du feu… La vraie vie du Far West !

Plouay

Que voir ?

- ***Musée du Vélo***

Domaine de Manehouarn
Tél. : 02 97 33 15 15
Gratuit pour les moins de 5 ans

Pont-Scorff

Office du tourisme
Rue de Lorient
Tél. : 02 97 32 50 27

Que voir ?

- ***Parcours d'art contemporain « Chemin faisant »***

Atelier d'Estienne
1, rue Terrien - Tél. : 02 97 32 42 13
De sites en sites (proches les uns des autres !), découvrez l'art contemporain selon la sensibilité de chaque artiste. Visites guidées ou libres, parcours ludique et pédagogique, visite et ateliers « en famille » pour comprendre, échanger, fabriquer le mercredi matin (réserver !).

- ***Cour des métiers d'art***

8, rue du Prince-de-Polignac
Tél. : 02 97 32 55 74
A cette adresse et un peu partout dans la ville, découvrir le travail et le talent des artisans d'art.

Atelier d'Estienne.

• ***Zoo de Pont-Scorff***
Keruisseau
Tél. : 02 97 32 60 86
Aire de pique-nique et jeux pour enfants
Animaux et végétations viennent de contrées lointaines.

• ***Odyssaum***
Moulin des Princes
Tél. : 02 97 32 42 00
Un musée totalement consacré aux saumons et à leur incroyable sens du voyage. Aire de pique-nique.

Quistinic

Que faire ?

• ***Village de Poul-Fetan***
Tél. 02 97 39 51 74
Gratuit pour les moins de 6 ans
Pass'Culture
Aire de pique-nique
Livret-jeux pour les enfants
Voici l'occasion idéale pour vivre une journée dans un village de chaumières, comme au 19e siècle. Travail des lavandières, races d'animaux d'autrefois, fabrication du pain… Tout parle d'hier.

Au village de Poul-Fetan.

• ***Vallée du Pratmeur***
Le Roduic
Tél. : 02 97 51 72 02
Dormir dans une cabane dans les arbres ou dans une roulotte…
Un rêve d'enfant.

Photos-mystère à Hennebont

→ *Ouvrir l'œil, et le bon, pour retrouver tous ces détails...*
La balade commence devant les tours Bröerec'h et se finit à la Basilique.

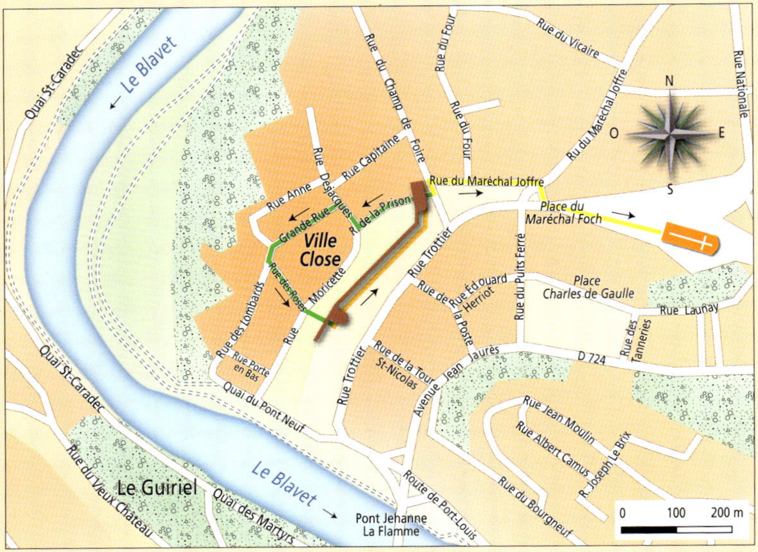

Voici quelques indices :

- *bien suivre le parcours indiqué sur le plan ;*
- *tenir compte des couleurs qui sont là pour vous aider.*

A vous de jouer !

ACCÉS
AU CHEMIN DE RONDE

COMME AUTREFOIS

Les forges d'Hennebont... à Inzinzac !

En 1860, Emile et Henri Trottier, deux ingénieurs, créent une usine à fer sur les rives du Blavet. La révolution industrielle et le développement des conserveries bretonnes promettent de belles années. L'endroit choisi est idéal : la rivière apporte une énergie gratuite et une voie de circulation pratique ; les forêts environnantes procurent le bois. En 1861, les forges produisent donc 750 tonnes de métal... En 1936, c'est plus de 40 000 tonnes qui sortent de l'usine et font travailler 3 000 ouvriers. Les forges, c'était aussi une clinique-dispensaire, une école des apprentis et, bien sûr, des logements pour les familles. Pourtant, l'après-guerre sonne le début du déclin et les forges d'Hennebont ferment leurs portes en 1966.

Le musée des Forges à Hennebont.

Méli-mélo à cheval

Les mots de la liste sont cachés dans ce tableau. A toi de les retrouver. On peut les lire verticalement, horizontalement et même en diagonale, aussi bien de bas en haut que de haut en bas et de droite à gauche que de gauche à droite. Une même case peut servir pour plusieurs mots.
Les lettres qui resteront formeront le mot correspondant à cette définition : « Voilà ce que fait le cheval quand il est en colère. »
(Et n'oublie pas d'aller faire un tour à la Ferme du cheval de trait à Languidic.)

Fer
Crin
Robe
Galop
Equidé
Balzane
Calèche
Harnais
Obstacle
Yearling
Cavalière
Equitation
Randonnées

En balade à la Chapelle-Gaceline.

O	S	E	E	N	N	O	D	N	A	R
B	N	O	I	T	A	T	I	U	Q	E
S	P	H	A	R	N	A	I	S	Q	N
T	O	R	N	I	R	C	U	U	E	A
A	L	Y	E	A	R	L	I	N	G	Z
C	A	R	O	B	E	D	R	E	F	L
L	G	E	H	C	E	L	A	C	R	A
E	E	R	E	I	L	A	V	A	C	B

De Damgan à Brocéliande

Devenir **chevalier** et même **archéologue**

•

Découvrir le tombeau de **Merlin**

•

Apprivoiser les **rapaces**

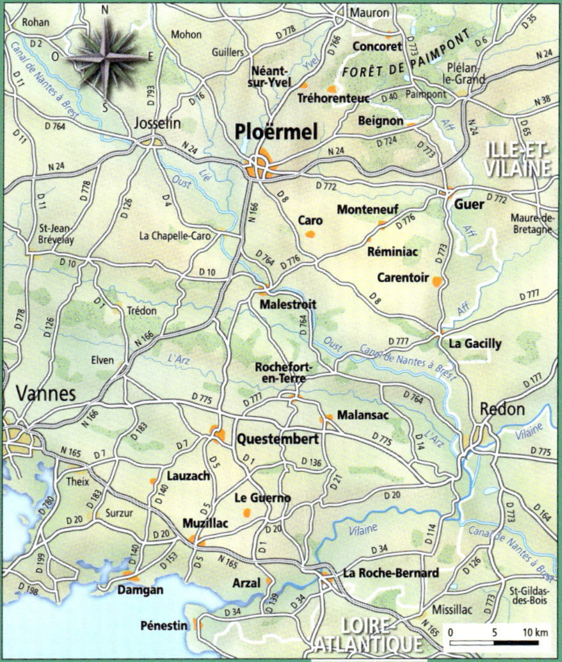

Faire du **pédalo**

•

Dormir dans un **tipi**

•

Grimper jusqu'au ciel

•

Et **bien d'autres choses** encore à découvrir...

Base de loisirs nautiques à Ploërmel © jplefort

Que voir, que faire à Ploërmel ?

… Beignon, Carentoir, Caro, Concoret, Guer, Malestroit, Monteneuf, Néant-sur-Yvel, Réminiac et Tréhorenteuc ?

Marchés
- Ploërmel : vendredi matin
- Guer : mercredi matin
- Malestroit : mercredi après-midi

Ploërmel

Office du tourisme
5, rue du Val
Tél. : 02 97 74 02 70

Que voir ?

• Atelier du soldat de plomb
13, rue du Pardon
Tél. : 06 80 06 54 22

• Musée des Sciences naturelles et Horloge astronomique
Place Lamennais
Tél. : 02 97 74 06 67
Gratuit
Un peu comme une leçon de choses !

Que faire ?

• La visite de la ville
Livret-jeux pour les enfants
Vous y découvrirez que Ploërmel, autrefois, était entouré de remparts.

• Le grand jeu « A la recherche du dragon », qui débute à Ploërmel et permet de découvrir toute la région

• Aller écouter les « Contes pour enfants sages »
Le mercredi à 18 h, en ville

• Sports nautiques
Lac au Duc
Tél. : 02 97 74 14 51
Dès 4 ans

Concoret

Que faire ?

• « Le Chemin buissonnier »
Livret disponible à l'office du tourisme
Parcours conçu pour découvrir les gens et les lieux de ces paysages

• Recevoir l'adoubement pour devenir chevalier au château de Comper
« Centre de l'imaginaire arthurien »
02 97 22 79 96
Expositions, jeux et animations pour tout savoir sur les légendes de la Table ronde

Malestroit

Office du tourisme
Place du Bouffay
Tél. : 02 97 75 14 57

Que voir ?

• Malestroit est une « petite cité de caractère »
offrant un beau patrimoine : maisons à colombages et encorbellement, églises. Deux parcours ludiques et à énigmes sont prévus pour les enfants qui deviennent chevaliers ou reporters animaliers. Le jeudi à 21 h, visite « Si Malestroit m'était contée ».

• Maison de la Pêche et son petit musée
A l'écluse
Tél. : 02 97 75 26 50
Gratuit

• Que faire ?

Balades sans fin sur la voie verte
(ancienne voie de chemin de fer aménagée pour la promenade)
et sur le canal de Nantes à Brest.

Le canal de Nantes à Brest

L'idée de ce canal datait du 16e siècle, mais il fut réalisé par Napoléon Ier en 1811 à cause... des Anglais qui avaient isolé tout l'ouest de la Bretagne par un blocus. Ce canal devenait donc une magnifique « autoroute » au cœur de la Bretagne. Il couvrait 364 km et a eu jusqu'à 325 écluses (18 sont aujourd'hui noyées à cause du barrage de Guerlédan).

Monteneuf

Que faire ?

• ***Balades sans fin sur la voie verte***
(ancienne voie de chemin de fer aménagée pour la promenade)
et sur le canal de Nantes à Brest.

• ***Halte à l'auberge des VoyaJoueurs***
Rue du Chaperon-Rouge
Tél. : 02 97 93 22 18
Le paradis de ceux qui aiment vraiment les jeux traditionnels et de société. On peut y dormir ou juste passer quelques heures.

• ***Arpenter le sentier d'Ozégan***
1, rue des Menhirs
Tél. : 02 97 93 26 74
Un parcours pédagogique et ludique sous la conduite des korrigans !

• ***Animations, ateliers et goûter archéologique***
Archéosite des pierres droites
Tél. : 02 97 93 26 74

Tréhorenteuc

Office du tourisme
PlaceAbbé-Gillard
Tél. : 02 97 93 05 12

Que voir ?

• ***Chapelle du Graal*** et ses étonnants vitraux représentant les chevaliers de la Table ronde. *(photo à droite)*

• ***Musée des écoles militaires de Saint-Cyr-Coëtquidan***
Guer
Tél. : 02 97 70 77 50
Gratuit pour les moins de 18 ans

• ***Sentier des sculptures contemporaines***
Bourg de Réminiac
Tél. : 02 97 93 22 83
Gratuit

Que faire ?

• ***Plein de balades et soirées contées*** dans les hauts lieux de Brocéliande (Val sans retour, fontaine de Barenton,

La chapelle du Graal à Tréhorenteuc.

Arbre d'or, tombeau de Merlin)
Se renseigner à l'office du tourisme

• ***Equitation et promenade en calèche***
Le Terrier
Tél. : 02 97 93 01 05
Dès le plus jeune âge

A faire et à voir aussi absolument !

• ***Une nuit en yourte ou en roulotte***
Domaine de Kervallon - Caro
Tél. : 06 76 68 83 67

• ***Une vraie nuit de trappeur***
Parc nature
Néant-sur-Yvel
Tél. : 02 97 93 08 08

• ***Un stage pour apprivoiser les rapaces !***
Art Fauconnerie
7, allée des Genêts - Beignon
Tél. : 06 82 22 15 47 ou 08 99 65 51 15
Dès 7 ans

• ***La Ferme du monde***
Carentoir - Le Bois-Brassu
Tél. : 02 99 93 70 71
Ateliers découverte
Location de pédal'kart
Aire de pique-nique
Découvrir les animaux d'élevage des cinq continents.

LES CHEVALIERS DE LA TABLE RONDE

Les chevaliers de la Table ronde sont au service du roi Arthur, le roi de Bretagne. Ils cherchent le Graal et assurent la paix dans le royaume. Ils se réunissent à Caamelot chez Arthur.

A chacun sa place

Les 18 chevaliers sont assis autour d'une table ovale. A toi de retrouver la place de chacun.

- Arthur est à un bout de la table.
- Gauvain à l'autre bout, juste en face.
- Perceval est à droite d'Arthur.
- Gauvain est entre Tristan et Yvain.
- Tristan est entre Lamorak et Gauvain.
- Yvain est à droite de Gauvain.
- Bedivere est entre Perceval et Girflet.
- Keu est à gauche de Lamorak.
- Méléagant est à droite de Girflet.
- Sagramor est entre Keu et Méléagant.
- Gauvain est loin de Dagonet.
- Lancelot est entre Arthur et Hector.
- Yvain et Bohort sont côte à côte.
- Léodagan est entre Bohort et Galahad.
- Hector est à droite de Dagonet et à gauche de Lancelot.
- Mordred est entre Galahad et Dagonet.

Connais-tu les stars de Brocéliande ?

a) Je suis une épée un peu magique, et seul le jeune Arthur a été capable de me retirer d'un bloc de pierre.
b) Je suis une fée, la demi-sœur d'Arthur et l'ennemie des chevaliers.
c) Je suis un chevalier de la Table ronde et j'ai été enlevé, quand j'étais bébé, par la Dame du Lac.
d) Je suis un druide et un magicien, et j'ai toujours aidé le roi Arthur.
e) On m'appelle le « Chevalier au lion » et je suis banni par Arthur.

1) Yvain.
2) Excalibur.
3) Lancelot du Lac.
4) Merlin l'Enchanteur.
5) La fée Morgane.

A la rencontre de la légende

En Brocéliande, il est possible de visiter de nombreux sites mythiques liés à la légende du roi Arthur…

- Le lac de la fée Viviane au château de Comper… Peut-être verras-tu le château de cristal offert par Merlin à Viviane ?
- Le tombeau de Merlin, où certains cherchent toujours un trésor.
- La fontaine de Barenton, qui bouillonne encore du courage d'Yvain.
- L'Hostié de Viviane et ses mégalithes de schiste rouge.
- Le siège de Merlin, très haut, au Val sans retour.
- Le miroir aux fées, tout près de l'Arbre d'or, où sept fées aimaient à se mirer.

Vitrail de la chapelle du Graal à Tréhorenteuc

Que voir, que faire

à Rochefort-en-Terre ?

… Damgan, La Gacilly, La Roche-Bernard et Penestin ?

Marchés
- Damgan : samedi et mardi
- Malansac : mardi
- Muzillac : vendredi matin
- Pénestin : mercredi et dimanche matin
- Rochefort-en-Terre : mercredi et samedi après-midi.

Rochefort-en-Terre

Office du tourisme
Place du Puits
Tél. : 09 77 39 40 60

Que voir ?

- ***Le château et son musée de peintures***
Tél. : 02 97 43 31 56
Gratuit pour les moins de 12 ans

Que faire ?

- ***Aller à la plage (surveillée) et faire du pédalo***
Etang du Moulin-Neuf
- ***Rochefort-en-Terre***
- ***Visiter cette petite « cité de caractère »*** grâce à un jeu à faire en famille… Ne pas oublier de regarder les superbes enseignes de magasins.

Damgan

Office du tourisme
Place Alexandre-Tiffoche
Tél. : 02 97 41 11 32

Que faire ?

- ***Sports nautiques***
Tél. : 02 97 41 12 49 et 02 97 41 10 62
Dès 6 ans
- ***Char à voile***
Tél. : 06 61 70 66 85
- ***Ateliers créatifs et pratiques*** à partir de 7 ans, sorties nature, pêche à pied ou ostréiculture avec l'office du tourisme
- ***Le club de plage***
Boulevard de l'Océan

La Gacilly

Office du tourisme
Le Bout du pont
Tél. : 02 99 08 21 75

Que faire ?

- ***Le Végétarium***
La Croix des Archers
Tél. : 02 99 08 35 84
Ateliers « végétaux » pour les enfants (recette de cuisine, jardinage…)
- ***Une promenade à dos d'âne***
Tél. : 06 65 55 36 58
- ***La découverte des artisans créateurs***

La Roche-Bernard

Office du tourisme
Place du Docteur-Cornudet
Tél. : 02 99 90 67 98

Que voir ?

- ***Château-musée des Basses Fosses***
Tél. : 02 99 90 83 47 - Tarif famille

Des maquettes et beaucoup d'objets pour découvrir la navigation fluviale sur la Vilaine.

• ***Les artisans d'art de talent***
Il y a même un costumier pour enfants.

Que faire ?

• ***Une petite balade en bateau***
sur la rivière
Mini-croisière (tél. : 02 97 45 02 81) ou location de bateau sans permis (tél. : 02 99 90 83 25)

• ***La rando des ponts***
Moins de 6 km de découvertes.

• ***Sports nautiques***
Tél. : 02 99 90 83 25. Dès 3 ans
Au même endroit, on peut aussi s'initier aux arts du cirque !

• ***Visiter cette « petite cité de caractère »*** en répondant aux questions du circuit d'interprétation du patrimoine.

Pénestin

Office du tourisme
Allée du Grand-Pré
Tél. : 02 99 90 37 74

Que faire ?

• ***Sports nautiques***
Tél. : 02 99 90 32 50
Dès 8 ans

• ***Festival « Place aux Mômes »***
Complexe sportif
Le lundi en fin d'après-midi
Gratuit
Des spectacles en tout genre pour les enfants et la famille.

Les falaises rouges de Pénestin.

• ***Randonnées familiales***
A pied ou à vélo, avec l'office du tourisme.

• ***Ateliers d'arts créatifs pour les enfants***
Se renseigner à l'office du tourisme.

Que voir ?

• ***Musée de la Mytiliculture***
Phare du port de Tréguier
Tél. : 02 23 10 03 00
Gratuit pour les moins de 7 ans

A faire et à voir aussi absolument !

• ***Moulin de Pen-Mur***
Muzillac - Tél. : 02 97 41 43 79
Ouvert le matin
Pour tout savoir sur la fabrication traditionnelle du papier.

• ***La « passe à poissons »*** du barrage d'Arzal permet de voir les poissons courageux qui s'apprêtent à remonter toute la rivière.

• ***« Escapade Verticale »***
L'Ile aux pies - Saint-Vincent-sur-Oust
Tél. : 06 16 99 81 41
Eescalader, grimper dans les arbres, dormir près des cimes… L'aventure prend de la hauteur ! Dès 8 ans

• ***Visiter le parc animalier de Branféré***
Tél. : 02 97 42 94 66
Spectacles d'oiseaux, voyage dans la savane africaine, acrobaties dans le Parcabout, école Nicolas-Hulot pour l'écologie… De quoi occuper une belle journée !

• ***Faire un tour à « La Petite Ecurie dans la prairie »***
Kerlan
Tél. : 06 26 03 70 85 - Lauzach
Choisirez-vous la nuit en tipi, le jeu de piste, la découverte des Indiens, la visite ludique de la ferme ou de l'écurie ?

• ***Aller au « Parc de la Préhistoire »***
Malansac - Tél. : 02 97 43 34 17
Pour tout savoir sur la vie quotidienne des hommes préhistoriques et sur les dinosaures.

Photos-mystère à La Gacilly

→ *Ouvrir l'œil, et le bon, pour retrouver tous ces détails.*
Pour cette promenade à La Gacilly, le début du parcours est situé place du Général-de-Gaulle.

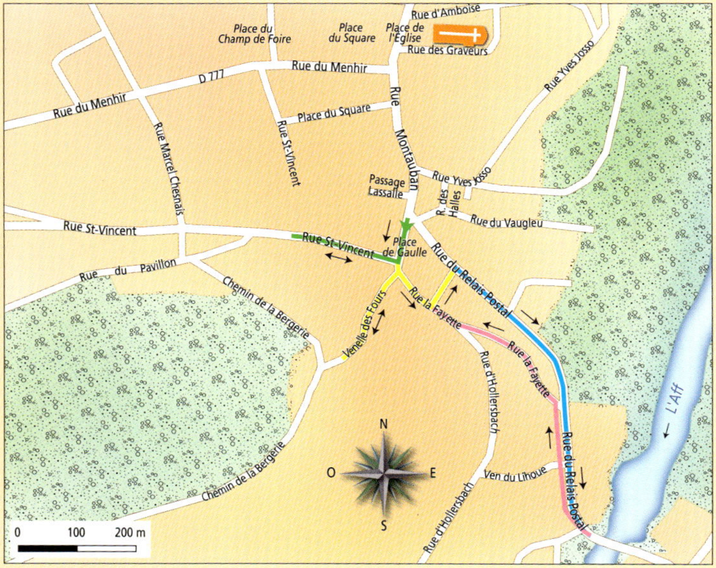

Voici quelques indices :

- *bien suivre le parcours indiqué sur le plan ;*
- *tenir compte des couleurs qui sont là pour vous aider.*

A vous de jouer !

VENE
Marcel BO

De Josselin au Faouët

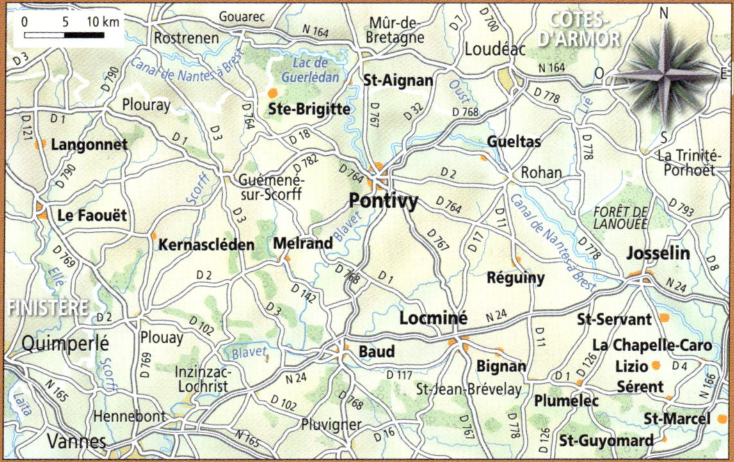

Rencontrer un **troubadour** • Grimper dans les **arbres**
Devenir **clown** • Voir une **collection** incroyable de **poupées**
Découvrir une **ferme** • Vivre chez **Napoléon**

Et **bien d'autres choses** encore à découvrir...

Au bord de l'Oust, le château des Rohan à Josselin.

Que voir, que faire à Josselin et ses alentours ?

Marchés
- Josselin : samedi matin
- Le Roc-Saint-André : dimanche matin
- Sérent : mercredi matin

Josselin

Office du tourisme
4, rue Beaumanoir
Tél. : 02 97 22 36 43

Que voir ?

• ***Le château***
Tél. : 02 97 22 36 45
Gratuit pour les moins de 7 ans
Tarif famille
Ce magnifique édifice du plus pur gothique flamboyant recèle aussi une magnifique collection privée de mobilier ancien et d'objets quotidiens.

• ***Musée de la Poupée***
Au château - Tél. : 02 97 22 36 45
Gratuit pour les moins de 7 ans
Cette collection, commencée par l'arrière-grand-mère de l'actuelle propriétaire des lieux, est composée aujourd'hui de plus de 600 poupées et autres accessoires.

• ***Découvrir cette « petite cité de caractère » et ses maisons à colombages*** grâce aux panneaux du circuit d'interprétation répartis dans les rues. La maison la plus ancienne de Josselin date de 1538 ! Un livret-jeux sur le thème des chevaliers est disponible à l'office du tourisme pour suivre le parcours de façon ludique.

Que faire ?

• ***Le circuit « J'étais chevalier au combat des Trente »***
qui propose, au départ de Josselin, de faire le tour des sites du combat des Trente en voiture.
Se renseigner à l'office du tourisme
Sur le quai, ***louer un bateau sans permis*** (tél. : 06 50 62 48 79) ***ou un canoë-kayak*** (tél. : 06 73 50 62 82) pour une jolie promenade sur la rivière.

• ***La Fête médiévale***
En juillet
Gratuite pour les personnes costumées
Un vrai voyage au pays des troubadours et des chevaliers. Tournoi, banquet, fauconnerie, défilés, jeux d'autrefois...

Trente chevaliers contre trente chevaliers

Le combat des Trente opposa en 1341 trente champions du royaume d'Angleterre, menés par Richard de Brandenbourg, à trente champions du royaume de France menés par le connétable Beaumanoir, pour savoir à qui reviendrait le duché de Bretagne. Le combat se passa entre Josselin et Ploërmel, près du chêne de Mie-Voie. Au nombre de morts, ce furent les Bretons qui gagnèrent, mais cela ne changea pas grand-chose puisque les Anglais restèrent quand même à Ploërmel !
La légende dit que Beaumanoir, terrassé par la soif au cours du combat, réclama à boire. Son ami Geoffroy de Boüays lui répondit alors : « Bois ton sang, Beaumanoir, et la soif te passera »... ce qui devint la devise de la famille Beaumanoir.

Lizio

Office du tourisme
Rue des Forges
Tél. : 02 97 74 99 79

Que voir ?

• ***Musée du Poète Ferrailleur***
La Ville-Stéphant
Tél. : 02 97 74 97 94
Un endroit magique où la sculpture s'anime pour faire rêver chacun de nous. Unique.

• ***Musée Insectarium***
Rue du Stade
Tél. : 02 97 74 99 12
Visite pédagogique et ludique
Serre à papillons
Aire de pique-nique
Des insectes vivants, tous plus beaux les uns que les autres, mis en valeur dans leur éco-système.

• ***Ecomusée des vieux métiers***
Bob Huet
Tél. : 02 97 74 93 01
Aire de pique-nique
Une immense collection d'objets de la vie quotidienne d'autrefois. Chaque thème est mis en valeur par une reconstitution réaliste.

Que faire ?

• ***Atelier poterie***
Tél. : 06 43 21 39 84
Dès 4 ans. A faire aussi en famille.

• ***Atelier clown***
Tél. : 02 97 74 89 20
Dès 4 ans
Pour apprendre à faire le clown !

Chez le poète ferrailleur.

Réguigny

Que faire ?

• ***Aller au plan d'eau***
Pour faire de la voile - Tél. : 06 74 67 46 08
Pour jouer au minigolf, pique-niquer ou nager dans la piscine
Tél. : 02 97 38 66 30

Que voir ?

• ***Musée des Sanglots Longs***
Rue de la Piscine - Tél. : 02 97 38 61 11
Beaucoup d'objets pour parler de la libération de la Bretagne et une attention toute particulière accordée à la TSF et aux moyens de communication d'autrefois.

• ***Café-musée de l'écurie***
Pour découvrir une collection d'outils agricoles anciens.

Le Roc-Saint-André

Que faire ?

• ***Rocaventure,*** domaine du Roc, 06 48 07 68 05. L'aventure est dans les arbres… en équilibre bien maîtrisé. Parcours d'équilibre et d'agilité adaptés à chacun, même aux plus petits. Possibilité aussi de dormir dans une cabane en haut d'un arbre !

• ***Balades en bordure de la voie verte*** (ancienne voie de chemin de fer aménagée) ***et du canal de Nantes à Brest***. Vous y verrez le manoir de la Touche-Carné qui, dit-on, date de l'époque de Jeanne d'Arc.

A faire et à voir aussi absolument !

• ***Musée du costume breton***
9, rue du Pavé. Sérent
Tél. : 06 63 24 96 07
Gratuit pour les moins de 12 ans
Plus de 350 costumes bretons traditionnels et de nombreuses photographies anciennes.

• ***Musée d'Art contemporain en plein air***
Plumelec
Tél. : 02 97 42 24 27
Gratuit

• ***Dormir dans une yourte***
Saint-Guyomard – Les Landes
Tél. : 09 61 23 05 81
On peut venir avec son cheval.

• ***« Brénature »***
Bréna
Saint Servan-sur-Oust
Tél. : 02 97 75 60 65
Un accueil à la ferme plein de découvertes : caresser les animaux, faire la petite rando land art, profiter des animations pédagogiques, participer aux travaux, s'amuser…

• ***Faire un tour en engin militaire à chenille (half-track)***
Musée de la Résistance bretonne
Les Hardys Behelec – Saint-Marcel
Tél. : 02 97 75 16 90
Musée passionnant avec ses reconstitutions de décors…

Que voir, que faire à Pontivy

et au Faouët, Guerlédan, Kernascléden et Locminé ?

Marchés
- Pontivy : lundi
- Baud : samedi
- Le Faouët : mercredi
- Locminé : jeudi
- Sainte-Brigitte : mercredi

Pontivy

Office du tourisme
61, rue du Général-de-Gaulle
Tél. : 02 97 25 04 10

Que voir ?

• ***Château des Rohan***
Tél. : 02 97 25 12 93
Cette énorme forteresse est un vrai château défensif comme il en reste peu en Bretagne et est l'exemple typique d'un édifice militaire de la fin du 15ᵉ.

• ***Musée du Moulin des Récollets***
Ilot des Récollets
Tél. : 02 97 51 45 50
Gratuit pour les moins de 12 ans
Des maquettes pour tout savoir sur les moulins et sur la vie des meuniers depuis l'Antiquité.

• ***« L'Art dans les chapelles »***
Dans tout le pays de Pontivy
Tél. : 02 97 27 97 21
Ou comment assister à une véritable rencontre, celle de l'art contemporain et des petites chapelle traditionnelles de nos contrées.

Que faire ?

• ***Découvrir la ville de Napoléon***
(voir pages suivantes)

• ***Louer un vélo***
à l'office du tourisme pour une balade sur le chemin de halage

• ***Aller à la piscine couverte***
(rue de la Paix) ou découverte (rue de la Plage)
Tél. : 0825 220 756

• ***Les vieux quartiers***
se visitent aussi grâce à un livret-jeux destiné aux enfants.

Le Faouët

Office du tourisme
3, rue des Cendres
Tél. : 02 97 23 23 23

Que voir ?

• ***Musée des Beaux-Arts***
1, rue de Quimper
Tél. : 02 97 23 15 27
Gratuit pour les moins de 12 ans
Une belle collection d'œuvres des 19ᵉ et 20ᵉ siècles réalisées par des artistes de renommée.

• ***« L'Abeille vivante et la cité des fourmis »***
Kerkadoret
Tél. : 02 97 23 08 05
Aire de pique-nique
Espace de découvertes très vivant et très visuel.

Que faire ?

• ***Initiation à la danse bretonne***
Sous les halles
Le jeudi à 18 h

• **« Parcours des chevalets »**
Se renseigner à l'office du tourisme
Pour peindre dans la ville comme les artistes du 19e siècle.

Lac de Guerlédan

Que voir ?

• **Musée de l'Electricité**
Rue du Musée - Saint-Aignan
Tél. : 02 97 27 51 39
Un musée original, pour raconter l'histoire du barrage de Guerlédan et la magie de la fée Electricité
Manipulations pour les curieux

Que faire ?

• **Base de loisirs**
Mur-de-Bretagne
Tél. : 02 96 67 12 22 ou 02 96 28 51 41
On peut s'y détendre, pratiquer la voile ou le ski nautique, tenter le bateau à pédales et tester de nouveaux sports à petits prix grâce à Cap Armor.

Kernascléden

Que faire ?

• **Atelier de céramique « The Clay Barn »**
18, rue de Pempoul - Tél. : 02 97 28 27 99
Ici, on choisit un mug, une assiette, une tirelire ou toute autre chose, et on la peint. On se promène le temps de la cuisson, et voici un objet unique !

• **La Maison de la Chauve-Souris**
Place de l'Eglise
Tél. : 02 97 28 26 31
Gratuit pour les moins de 8 ans
Beaucoup d'animations pour les enfants, observations nocturnes, oreilles géantes… inoubliable.

• **Dormir dans une roulotte**
Canquisquelen
Tél. : 02 97 28 27 06

Locminé

Office du tourisme
Rond-Point de la République
Tél. : 02 97 60 00 37

Que faire ?

• **« A la recherche des empreintes »**
Jouer au détective pour découvrir, grâce aux énigmes, les pays de Locminé et de Saint-Jean-Brévelay.
Café de la Gare
Place Sainte-Anne
Tél. : 02 97 46 71 73
Lieu de vie et d'exposition très actuel. Pour tout comprendre sur l'art contemporain.

A faire absolument !

• **« Village de l'an mil »**
Melrand - Tél. : 02 97 39 57 89
Gratuit pour les moins de 6 ans
Aire de pique-nique
Ateliers archéologie et vie quotidienne, livret-jeux. Pour se plonger dans le Moyen Age. Dépaysement garanti !

• **Parc d'Art contemporain de Kerguehennec**
Bignan
Tél. : 02 97 60 44 44
Gratuit
L'art contemporain, monumental, au cœur d'un domaine conçu au 18e siècle. Les enfants pourront profiter des ateliers sur réservation.

• **« Le village des Forges de Salles »**
Sainte-Brigitte - Tél. : 02 96 24 90 12
Gratuit pour les moins de 10 ans
Site sidérurgique complet datant des 18e et 19e siècles : maison de maître, cité ouvrière, haut fourneau et forges, école, auberge, cantine…

• **Maison de l'Environnement**
4, rue Saint-Gildas
Gueltas - Tél. : 02 97 38 90 70
Un lieu vraiment pédagogique pour découvrir la biodiversité de la nature d'ici. Sentier pédagogique et livret d'accompagnement.

• **« Cartopole »**
Route d'Auray – Baud
Tél. : 02 97 51 15 14
Conservatoire de la carte postale ancienne, ce musée est une véritable mine de trésors. Expo à thème, jeux et livret de visite pour les enfants.

• **Musée africain des Pères blancs**
Abbaye Notre-Dame - Langonnet
Tél. : 02 97 23 93 08
Gratuit et insolite !

Un Empereur en Bretagne

« Napoléonville »

C'est aussi le nom que Pontivy a porté pendant quelque temps. En effet, Napoléon Ier voulut faire de cette petite ville un grand centre commercial du fait du canal qui était une voie de circulation à venir. En 1802, il créa donc une ville nouvelle avec son grand hôpital, son lycée impérial (très rare à l'époque), sa prison, son théâtre et ses rues bien rectilignes.

Un livret-jeux permet aux enfants de visiter cette partie de la ville d'une façon ludique (Se renseigner à l'office du tourisme.)

L'enfance de Napoléon

Napoléon Bonaparte est né en 1769 à Ajaccio en Corse dans une famille nombreuse (13 enfants) de petite noblesse. Il obtient une bourse d'études royale et peut ainsi partir étudier sur le continent dans un internat militaire... Il a seulement 10 ans et serait aujourd'hui en CM2. Très vite, on remarque chez lui des talents de chef, même pour les batailles de boules de neige. A 15 ans, il devient « cadet gentilhomme » et rentre pour ainsi dire dans la vie active ! Et, à 24 ans, il est déjà général...

Les quais de Pontivy au bord du Blavet.

Le sais-tu ?

Pour connaître la réponse à ces questions, voici un indice : 1 = a, 2 = b, 3 = c…

a) Quel titre prend Napoléon en 1804 ?
5-13-16-5-18-5-21-18//4-5-19//6-18-1-14-3-1-9-19.

b) Quel était son surnom ?
12-5//16-5-18-5//12-1//22-9-15-12-5-20-20-5.

c) Quel était le nom de sa première femme ?
10-15-19-5-16-8-9-14-5//4-5//2-5-1-21-8-1-18-14-1-9-19.

d) Et celui de sa deuxième femme ?
13-1-18-9-5//12-15-21-9-19-5//4//1-21-20-18-9-3-8-5.

e) Sur quelle île est-il mort ?
19-1-9-14-20-5//8-5-12-5-14-5.

La jumelle de Pontivy

Alors que Pontivy a juste été agrandie par Napoléon, une autre ville française a été totalement conçue et voulue par lui en 1804. C'est Napoléon-Vendée, plus connue aujourd'hui sous le nom de La Roche-sur-Yon. Cette ville était symbolique car l'ancien bourg, qui existait depuis l'Antiquité, avait été incendié lors de la guerre de Vendée qui opposait les chouans et les révolutionnaires, au nombre desquels se trouvait Napoléon à cette époque.

Les inventions de Napoléon

Napoléon a « inventé » beaucoup de choses qui sont toujours très utiles en France :

- La Banque de France en 1800 ;
- La Légion d'honneur en 1802 pour récompenser les Français qui avaient fait quelque chose d'important pour le pays ;
- Les lycées impériaux, l'école militaire de Saint-Cyr en 1802 ;
- Les chambres de commerce en 1802 ;
- Le Code civil en 1804 qui crée les lois françaises ;
- Le Cadastre qui permet de savoir précisément à qui appartiennent chaque bâtiment et chaque terrain ;
- Le baccalauréat en 1808 ;
- Le « nouveau Paris », avec l'Arc de triomphe, l'église de la Madeleine, la Bourse, les ponts des Arts, d'Iéna et d'Austerlitz… et aussi la numérotation des rues de Paris.

Gagné ? Perdu ?

Les batailles de Napoléon

Arcole
Gagné ! En 1796, en Italie, contre les Autrichiens.

Pyramides
Gagné ! En 1798, en Egypte, contre les Mamelouks.

Austerlitz
Gagné ! En 1805, en Moravie (République tchèque), contre les Autrichiens et les Russes.

Trafalgar
Perdu ! En 1805, bataille navale, avec l'Espagne et contre l'Angleterre.

Iéna
Gagné ! En 1806, en Allemagne, contre la Prusse.

Moskova
Gagné ! En 1812, en Russie, contre les Russes.

Index

Blog

Pour échanger vos impressions, avis et coups de cœur, retrouvez l'auteur sur son blog :

http://blogauteur.typepad.fr/odilelozachmeur

Table des matières

Résultats des jeux

• Page 15
À gauche : a3, b6, c8, d4, e1, f7, g5, h2
À droite : 1g, 2i, 3f, 4a, 5e, 6h, 7c, 8d, 9b

• Page 20
a2, b5, c13, d10, e1, f6, g8, h9, i11, j15, k3, l14, m12, n4, o7.

• Page 23
catamaran

• Page 25
a1, b4, c6, d8, e2, f7, g9, h3, i5.

• Page 33
a) Les Petites Filles modèles,
b) Les Malheurs de Sophie,
c) Les Mémoires d'un âne,
d) L'Auberge de l'Ange gardien,
e) Un bon petit diable,
f) Le Général Dourakine.

• Page 42
a) Mane-Kérioned
b) Kerkado
c) Kermario
d) Menec
e) Toul-Chignan
f) Manio

• Page 43, gauche
1b, 2c, 3 abc.

• Page 43, droite
Commencé en 1942 par l'Allemagne où on l'appelle Atlantikwall. Stop. Il a été conçu pour empêcher un débarquement des Alliés. Stop. C'est une fortification bétonnée qui suit les côtes de l'Europe, du nord au sud-ouest de la France. Stop. Il débute en Norvège et suit la côte vers le sud. Stop. Il continue au Danemark, aux Pays-Bas, en Belgique et, bien sûr, en France. Stop. Il est construit par l'organisation Todt qui a déjà réalisé les bases sous-marines de Lorient, Brest et Saint-Nazaire. Stop. Pour le construire, on a utilisé 1 million de tonnes d'acier et 15 millions de m^3 de béton. Stop. Il est formé de plus de 1 000 blockhaus. Stop.

• Page 46
Sarah Bernhardt.

• Page 50
« Allez hop, suis-moi et viens voir l'alignement de Corvenec, le Menhir-Bras, le Menhir-Bihan (ce qui veut dire grand et petit menhir) et l'allée couverte de Lann-er-Vein. »

• Page 52
a) Faux, b) Faux, c) Faux, d) Vrai, e) Faux, f) Vrai.

• Page 75
Réponse : Ruer.

• Page 80
En face de la flèche : Arthur puis, dans le sens des aiguilles d'une montre : Lancelot, Hector, Dagonet, Mordred, Galahad, Léodagan, Bohort, Yvain, Gauvain, Tristan, Lomorak, Keu, Sagramor, Méléagant, Girflet, Bedivere et Perceval.

• Page 81
a2, b5, c3, d4, e1.

• Page 93
a) Empereur des Français,
b) Le Père La Violette,
c) Joséphine de Beauharnais,
d) Marie-Louise d'Autriche,
e) Sainte-Hélène.

Éditeur : Anne Cauquetoux - Coordination éditoriale : Caroline Brou
Cartographie : Patrick Mérienne
Conception graphique et mise en page : Studio Graphique des Éditions Ouest-France
Photogravure : graph&ti (35)
Impression : Pollina S.A., Luçon (85) - L56679

ISBN 978-2-7373-5232-4 - Dépôt légal : mars 2011 - N° d'éditeur : 6336.01.4,5.03.11

Retrouvez-nous sur www.editionsouestfrance.fr